HOW LEADERS LEARN
MASTER THE HABITS OF THE WORLD'S MOST SUCCESSFUL PEOPLE

執行長學習手記

觀察、提問、行動,吸收別人的經驗
加速自己的成長,不斷擴展能力圈

肯德基、必勝客母公司 百勝餐飲集團(YUM! Brands)共同創辦人、前董事長暨執行長
大衛・諾瓦克 DAVID NOVAK ｜拉里・畢夏普 LARI BISHOP ──著　王怡棻──譯

致我最棒的孫子奧黛莉、克萊兒與路克，
願你們一生都是主動學習者。

如果你們想知道我的祕密王牌，
那就是溫蒂。

最迫切的任務,就是教導人們如何學習。

—— 管理大師,杜拉克(Peter Drucker)

目次

推薦序　持續學習，是領導者最大的競爭力　梁家俊　　9
推薦序　好奇心領導，探索一千零一種的可能　黃麗燕　　11
前　言　從學習發現各種可能性　　13

Part One
向每個人學習

第 1 章　從成長經歷累積實力　　27
第 2 章　擺脫束縛你的東西　　37
第 3 章　填補自我不足　　47
第 4 章　聽得進真話　　57
第 5 章　從危機中學習　　65
第 6 章　關注亮點　　77
第 7 章　失敗也能有收穫　　87

Part Two
保持開放好奇心態

第 8 章　每個賞鳥者都知道的事　　101

第 9 章　提出更好的問題　　111

第 10 章　做出判斷與查核　　121

第 11 章　看見世界的真面目　　129

第 12 章　讓 1 加 1 等於 3　　139

第 13 章　在忙碌中留白　　147

第 14 章　不自我膨脹，也不自我貶抑　　153

第 15 章　掃除敝帚自珍的成見　　161

第 16 章　把人聚在一起　　169

Part Three
邊做邊學

第 17 章	選擇做快樂的事	181
第 18 章	不要試圖成為他人	193
第 19 章	尋求新挑戰	203
第 20 章	讓大腦做好準備	213
第 21 章	選擇做困難的事	221
第 22 章	用登上頭版新聞做測試	231
第 23 章	把麻煩問題變成機會	241
第 24 章	從簡單的做起	249
第 25 章	不要藏私	259
第 26 章	真正的關心需要付諸行動	269
第 27 章	刻意表揚的魔力	279

後　記　正在完成的傑作	291
致　謝	295
附　錄	297
注　釋	309

推薦序

持續學習，是領導者最大的競爭力

梁家俊

在帶領台灣必勝客進行數位轉型與組織革新的這幾年裡，我深刻體會到，領導者最大的挑戰，不是資源、不是技術，而是「持續學習與更新自我」的能力。在變動快速、市場競爭激烈的環境下，過去的成功經驗往往無法複製，唯有不斷學習、修正與前進，才能真正帶領團隊持續創新與成長。

這也是我特別認同《執行長學習手記》一書核心觀點的原因。這本書的作者 David Novak，曾任百勝餐飲集團執行長，擁有豐富的跨國領導經驗。他從自己的成長歷程出發，將一路以來的領導體悟與對 105 位成功人士的深度訪談，歸納出 27 個能讓人持續成長的學習習慣，讓這本書不僅有高度的說服力，也極具實用性。

身為曾在百勝體系中工作的一員，我對 David 的管理理念並不陌生。他強調領導者要以「學習者的姿態」面對世界，要不斷好奇、不怕出錯、勇於試錯。這些觀念在我自己推動轉

型的經驗中，也一再被印證。面對消費行為改變、數位技術演進、營運模式的調整，領導者若不能快速學習與適應，就難以帶領團隊迎接下一波的挑戰。

書中有一個我特別喜歡的概念，是「邊做邊學」。這種在行動中學習、在實踐中反思的態度，正是現代領導者不可或缺的能力。David 不僅強調學習的重要，更進一步分享了具體做法，例如如何建立學習清單、如何從他人身上汲取經驗、如何透過提問打開新思維。這些方法不只是概念，更是可立即上手、應用在日常工作的工具。

此外，本書不僅聚焦於個人學習，也提醒我們：一位持續學習的領導者，才能帶出一個不斷成長的團隊。在這幾年的經營管理中，我也見證到當一個團隊具備「學習型文化」時，面對變化的韌性與應變速度都會大幅提升。這正是本書最深遠的價值之一──它鼓勵領導者從自我出發，進而啟發整個組織。

在快速變動的時代，真正能帶領企業前行的，不是擁有所有答案的「強人領導」，而是願意持續學習、保持好奇、善用集體智慧的「成長型領導者」。我相信，《執行長學習手記》能為每一位領導者提供實用的思考框架與行動建議，協助我們在領導旅程中持續更新、進化，帶領團隊突破成長極限。

推薦給所有希望讓自己與團隊持續前進的領導者，這本書，值得你細讀，也值得你實踐。

（本文作者為台灣必勝客總經理）

推薦序

好奇心領導，探索一千零一種的可能

黃麗燕｜**Margaret 瑪格麗特**

這本書不是工作的教科書，也不是解剖如何學習的書，其實就是一本很好看的故事書，裡面的故事只有一個主軸，就是「好奇的領導」，感覺好像在看「一千零一夜」，而這些故事是透過作者採訪 105 個成功的領導者的紀錄，和作者的消化後淬煉而成的。

這本書似乎在談「學習」，但不會談「如何規劃學習的策略」、「如何養成記憶的技巧」、「如何建立學習的習慣」，我反而看到的是「對自己、團隊和企業領導的好奇」。

人的一生中最難的是「領導自己」，最喜歡做的是「管理他人」，但「領導」讓自己找到了更多美好的可能，「管理」卻讓自己與他人不斷地消耗著意志力。

領導的本質是不斷地擴展，讓世界的邊緣不斷地往後退，領導者對「可能性」的嚮往與相信，來自那強烈的「好奇心」，尤其是對「人」永無止境，永不疲倦的好奇。就像賈伯斯說

的，他在 Apple 學到最重要、也用在 NeXT 的是：「對人會用更長遠的眼光……」。

沒有好奇心的學習，是壓力，也是沉重的負擔，只會讓人變成一個「知識的搬運工」，而好奇心每個人都有，但卻藏在「孩子般的思維」裡。當「好奇心」啟動時，「學習」已經上路。

本書是「領導者的一千零一夜」。它不提供書桌，而是給你一把火炬，在商業的大草原上，每一個例子既是學習，亦是開路，直接點燃你的「好奇心」，讓學習成為一個「嚮往」，一場「尋寶」，一條無盡頭的「探索旅程」；連愛因斯坦都說：「我沒有特殊才能，我只是極度好奇。而學習也永遠不會停止，只要好奇心一直都在，因為「好奇心」讓每一個終點都成為新的「起跑點」。

領導的好奇，好奇的領導，讓你在好奇探索世界的同時，也領導自己與團隊打破局限，創造無限，成為一個更大的可能。

（本文作者為前李奧貝納集團執行長暨大中華區總裁，現為 WAVE 中小企業 CEO 品牌／領導學創辦人）

前 言
從學習發現各種可能性

我曾與世上許多最成功的人共度時光,我一生中遇到的每位成功者,都深諳學習的紀律。他們認為,學習是擴展自己與周圍人潛力的唯一途徑。

他們就像《古墓奇兵》(Tomb Raider)裡的蘿拉,接下來可能不是你預期我將會講的內容──當你玩這款遊戲時,可以解鎖一項稱為「勤學者」(Avid Learner)的特殊生存技能;每當你發現遊戲中的重要訊息,這項技能都能幽你獲得更多經驗值,甚至幫助你更快升級。

最近我在探究人們如何談論與思考學習時,了解到這一點──「勤學者」完美詮釋了為什麼你需要這本書,為什麼我要寫這本書,以及學習能為你創造的各種可能性。

在我的一生中,總有人問我是否有什麼訣竅利於職場快速晉升,改變團隊與公司的發展軌跡,並享受充實的生活。我告訴他們,最重要的事其實不是什麼祕密,答案從沒變過,就是

學習。「成為勤學者！」這句話，早在《古墓奇兵》開發商用去前，我就想說了。無論我做什麼、在追求什麼目標，學習一直是我生活與工作的預設行為模式。學習幫助我更快獲得更多經驗（就像蘿拉），幫助我在艱難的時期存活下來，在最佳的時機茁壯成長。我喜歡和人們一起發現偉大的想法，然後用這些想法創造各種可能性與機會。

當你明白如何將學習融入生活的各個方面，並將它培養成日常紀律與關鍵技能時，你的事業、領導力、人際關係、快樂與成就感都會大幅提升。正規教育對學習有幫助，但我說的學習並非開始或結束於此，當然也不取決於你擁有的學位數量或就讀學校的血統。這是我的經驗之談。

我在上高中前，是個長年住在拖車裡、遷徙二十三州的孩子。我很幸運能上大學，但我不像過去許多同事一樣，獲得常春藤盟校企管碩士（MBA）學位。我擁有的是邊做邊學的態度，以及專注培養這項技能的紀律。我一步一步持續追求知識，尋找優質的想法，並填補知識的缺口。

當我在職場往上爬，勤學給了我接觸我所企求的人物、經驗與環境的管道。學習讓我獲得更好的見解，培養更卓越的技能，幫助我孕育更出色的想法。學習幫助我克服天生的偏見，變得更善於分析、更有創意、更懂得發掘機會與解決問題。

學習同時也幫助我採取更明智的行動。我充分利用這些優勢，讓我的職涯快速發展，最終使我成為百勝餐飲集團（Yum!

Brands）的共同創辦人與領導者。百勝是肯德基、必勝客、塔可鐘（Taco Bell）與哈比特漢堡（Habit Burger）的母公司，也是世界最大的企業之一。

在我擔任執行長近二十年後卸任時，我得決定把自己的時間、精力與經驗投注在何處。我該怎麼做？什麼能幫我把想法與計畫，轉為帶給我活力、振奮與喜悅的生活？

稍作思考，答案顯而易見：學習。

偉大的管理大師杜拉克（Peter Drucker）曾言，「最迫切的任務，就是教導人們如何學習。」我在工作中（以及現今在這本書中），已經接受了這個迫切任務的挑戰。即使是那些天生熱愛解決問題的人，想成為能將所學付諸行動的高效學習者，也需要洞察力與實踐。

本書是你的實踐手冊，而不是一本自傳。本書集結了全球最成功領導者的智慧與實踐習慣，以及我自己人生與職業生涯的故事。這些領導者包括不同產業的執行長、軍事與政治領導者、體育名人、專家與教練。依序閱讀各個章節，你會了解這些領導者如何在各自領域攀越巔峰。

普遍來說，我所認識最成功快樂的人與領導者（你們將會讀到很多），行事作風與我十分類似。學習是他們的思維模式，是他們與眾不同的技能，是他們對待生活與世界的方式。現在比以往任何時候都更重要的是，在經濟快速變化下，大部分人在一生中會多次轉換工作甚至職業，學習的紀律已經不只是「有很好，沒有也無妨」，而是你成功的必備要素。當你掌

握主動學習的方法,就會在人生與事業上獲得成功。

將想法轉為行動

當我開始著手寫這本書時,意識到我在建議成為「勤學者」上缺少了一些要素,這些建議屢屢出現在我的書與領導力發展課程中,因為它十分重要。「勤學者」或許對電玩世界中的蘿拉適用,但我發現在現實世界裡,它將學習本身當做目標。這聽起來像是我建議你成為一個活生生、會呼吸的維基百科或 Siri。但這並非我的本意。美式足球四分衛布雷迪(Tom Brady)是我見過最求知若渴的人之一。想像一下,假若他習得在運動場上傳球給隊友的所有技巧,但從未投入全副身心加以施展,結果也是徒勞。學習本身並不足夠,還要盡可能聚焦在學習產生的行動上。所以我改變了自己的措詞。我想幫助你成為一位主動學習者(active learner)。

主動學習者會尋求想法與見解,然後與行動及執行相結合。他們有目的的學習,結果是為自己與周圍的人帶來更多可能性。

主動學習的習慣並非我所創,但我投注許多心力去了解如何建立與運用這項習慣,特別是藉由研究我生命中遇到的許多主動學習者。現在我在 Podcast 節目《領導者如何領導》(How Leaders Lead)中與他們交流,來賓包括百事可樂前執行長盧英德(Indra Nooyi)、高爾夫球運動員尼可勞斯(Jack Nicklaus)、

職業籃球員布里奇曼（Junior Bridgeman）、美妝企業家波朗（Bobbi Brown）、創業家萊文（Uri Levine）、IBM 前執行長羅睿蘭（Ginni Rometty）等許多人。他們展現了對持續學習並採取行動的堅定信念。本書詳述了他們的經驗與見解，我從中發現三個關鍵基石與行為準則：

- 他們向任何人學習，也向任何新鮮、有趣，或有價值的事物學習。
- 他們保持開放、好奇的心態與積極正面的人際關係（因為我們從別人身上學到最多，也和別人一起學到最多）。
- 他們藉由從事那些需要身體力行，或能產生最大影響力的活動來學習。

這個模式強大無比，因此我整本書架構於此。主動學習者利用它來維持成功，享受充實的生活，並加深與他人的聯繫。懂得如何學習，以及如何應用所學，是他們從一個領域轉換到另一領域過程中掌握的技能。你會看到他們自信地承認自己並非無所不知。

你可以看到他們將學習技能內化，用他們在內心發現的洞見指導自己成長。你可以從人們應對全新挑戰與重大問題的意願，來判斷他究竟是否是主動學習者。

這就是為什麼我能在過去幾年轉換跑道並快速晉升，在不同職位、部門與產業間移動而沒有遇到太多挫折或災難。我在 20 世紀 70 年代中期大學畢業後，在一家地方廣告代理商擔任

文案撰寫專員，後來跳到一家全國性廣告代理商領導服務菲多利（Frito-Lay）的大型團隊。之後在別人的鼓勵下，我在1986年成為必勝客的行銷執行副總裁。當時我只有34歲，也沒有很多公司副總裁所擁有的學位；與此同時百事公司（PepsiCo）是必勝客的母公司，我的主動學習能力讓我從公司的一個機會跳到下一個機會，我成為百事可樂（百事公司的飲料部門）的行銷執行副總裁，然後擔任營運長。在我42歲的時候，我被點名成為肯德基的總裁。公司隨後將必勝客加入我的領導範圍。我將這些公司成功轉型的學習經驗，最終讓我在1997年成為百勝餐飲集團的共同創辦人與總裁（最後成為執行長）。

在這職位上工作二十年後，我在2016年卸任，深知自己想幫助更多人成為偉大的領導者，所以我創立了大衛諾瓦克領導力組織（David Novak Leadership），對改善生活諾瓦克家族基金會（Lift a Life Novak Family Foundation）投入更多資金，並推出我的Podcast。我想做的是幫助人們學會如何發現重要想法，並將想法轉為行動，讓團隊、公司，乃至於世界變得更美好。

一路走來，我對想法從不藏私，總是大方分享。我想幫助人們、團隊與組織邁向成功。我所遇到的每個主動學習者，無不熱切地想要分享所學。這也是我撰寫本書的初衷。我遇過許多從未被教導成為主動學習者的人，他們不知道為什麼主動學習很重要，以及如何做到。這使他們止步不前，無法發揮自己的潛力。我想做的是，激勵你成為一位主動學習者，磨練能幫助你成長與成功的技能。

本書架構

　　我根據之前提到的「將學習轉為行動的三大關鍵法則」來組織這本書：向每個人學習、保持開放好奇心態、邊做邊學。**第一篇「向每個人學習」談的是我們如何從就近的人、環境與經驗中學習**。主動學習者不會坐等啟示與想法出現在他眼前。他們無論身處何方、與誰共處，都會尋找學習的機會，因為這樣一來，他們現在就可以做出積極改變，不用等到未來。

　　我是我一生中遇到所有學習機會的產物，這些學習機會來自於我的成長、教育、訓練、職業轉換、朋友、家庭等。我從別人身上吸收的智慧經驗遠大於份內應得，我每天為此心懷感激。但這並非偶然，而是一種選擇。這個我每天都在做的決定，驅使我採取行動。

　　在我剛晉升到領導職位的職業生涯早期，每當身邊的人談論起自己在哪裡獲得商管學位，我總會找藉口去上廁所。我從來都不覺得自己是其中一員。（我看起來比實際年齡年輕，所以刻意留起尷尬的小鬍子，不過沒有太大幫助。）但最終我體認到，來自特定名校血統的過度自信，也會妨礙人們接受不同的想法與可能性，無論這些想法與可能性來自何方。

　　我從「向每個人學習」開始，而非從其他基本學習技巧或習慣開始，是因為如果你無法洞察周遭的機會或見解，那麼懂得學習方法對你沒有太大好處。你將讀到前美國國務卿萊斯（Condoleezza Rice）如何在種族隔離的伯明翰長大，以及作家

藍奇歐尼（Patrick Lencioni）如何發現自己的不足。我將分享網紅「完美酷哥」（Dude Perfect）團隊成員如何藉由說真話來改進點子，以及前聯合航空執行長穆尼奧斯（Oscar Munoz）從聯航3411航班危機中學到什麼。這些故事將清楚揭示，想法就在我們周遭，等著我們把它轉為解決方案、修正措施、發展事業的方法、協助部門與公司之道、幫助社區的方案，以及讓世界變得更美好的做法。

在第二篇「保持開放好奇心態」中，我將探討培養開放心態與批判性思維的重要習慣，據此你可以增加生活中的絕妙想法，並提高分析想法的能力。我將以學習最關鍵的技能：傾聽，作為開場。當人們對我們說話，我們究竟花多少時間真正專注傾聽？我們有多少次在傾聽時懷抱成見，同時處理其他事務，或只在想午餐要吃什麼？人們每天都在分享一些偉大的想法，但這些想法毫無進展，因為沒有人用心傾聽。如果你能成為認真的傾聽者，就會擁有產生積極影響的驚人潛力。

大多數人在成為主動學習者的過程中，面臨最大的障礙就是自己的大腦，因為大腦總會給新想法設路障。我們懷抱著自己並未時時意識到的固有偏見。比起錯誤，我們更喜歡正確，而且大腦很擅長讓我們相信自己沒錯。我們傾向於關注壞處，因為這麼做能幫助我們生存，但也使我們錯失機會。然而，我們可以藉由提出更好的問題、檢視自己的判斷、發展思維模式與其他擴大影響範圍的行為，來克服這些限制。閱讀本書，你會知曉摩根大通執行長戴蒙（Jamie Dimon）培養更準確

直覺的習慣，美國運通前執行長切諾特（Ken Chenault）如何克服「切諾特專注區」（Ken Zone），迪克體育用品公司執行長霍巴特（Lauren Hobart）如何向第一線客服人員尋求最佳想法。

這本書才開始幾頁，我已經多次提到「人」。你可能已然猜到我樂於社交，我也相信培養人際交往能力與成為主動學習者息息相關。對想法保持好奇、接納與欣賞，意味著對人保持好奇、接納與欣賞。這也代表分享功勞，並相信對方的善意。我將在本書第二部分探討這些要點。

在第三篇「邊做邊學」中，我們將透過追求快樂、簡化、解決問題、以人為本、刻意表揚他人等，探索學習的細微差別。當我們邊做邊學，就會在行動中發現洞見。這些見解有些是關於自己，有些是關於他人，還有一些是關於我們周圍的世界。

邊做邊學也給了我們最大的成長機會。我們在尋求新挑戰、完成困難工作、或在傳授所學時，拓展了自己的能力。我們不是漸進式成長，而是在所知領域、所能完成事項、與對新環境的不舒適容忍度上，取得巨大的飛躍──就如我在幾乎沒有營運經驗下，毛遂自薦擔任百事可樂營運長一樣。

我早期的職業道路，我沒有接受過正規的商管或行銷教育，因此不得不邊做邊學，這也是最有效的學習方式。雖然我有一些了不起的老師（例如，幾乎我遇到的每個老闆都經營一家大公司），但我很多東西都是自學的。有時候，這是唯一的學習方法。有時候，沒有人可以問，沒有 YouTube 影片可

以看，沒有說明書可以讀。例如，當埃里森（Marvin Ellison）是勞氏（Lowe's）總部唯一的黑人、擁有與眾不同的經驗見解時，他必須學會展現真實的自己。你還會讀到為什麼獲獎的體育評論員南茲（Jim Nantz）從不把研究與準備工作外包出去，以及為什麼 Workday 公司共同創辦人暨執行長布斯里（Aneel Bhusri）會親自面試公司聘用的前五百位員工。

對成功的發明者與創新人士而言，邊做邊學尤其重要，他們無一例外都是主動學習者。

☙ · ❧

當我踏上撰寫這本書的旅程，我與我的編輯也是從學習開始。我們學生時期最暢銷的一本書，是卡內基（Dale Carnegie）的《人性的弱點》（How to Win Friends and Influence People）。你現在讀的這本書，結構與之很類似——章節很短、由故事主導，並依據一個積極的主題分成幾個部分書寫。我們從卡內基著作中學到的是，創造一本可以每次閱讀十五分鐘、每頁都能傳遞價值與影響力的書，力量有多強大。我們學到，讓人們自由選擇想讀的任何章節是可行的。你可以從頭讀到尾，也能從任何你感興趣的地方開始讀。我們學到，傳遞真知灼見的最好方式，是透過能夠感動人心、有趣且真誠的故事。這就是我一直努力做的事。

最後，我在每章結尾都提出一些問題，這些問題是用來幫

助你將偉大想法轉化為生活中的主動學習。當你持續往下讀，我希望你能更去了解自己——你在什麼情況下學得最好，哪些學習時刻對你人生產生最大影響，以及你在哪裡有機會提高學習量與學習能力。自我探索（Self-discovery）是獲得知識的關鍵。我用「自我探索」一詞有兩個含義：一是了解自己的行動，另一是提出自己想法的行動。請使用章節結尾的問題來思考書中的內容，然後得出你自己的結論或發展自己的想法。

這就是主動學習者與其他人的區別。他們對學習過程本身感到非常興奮，因為他們知道學到的東西能幫助自己成長。成為主動學習者，能讓你抵達自己從未想過能到的地方，能讓你看到自己從未想像過的各種可能。正如美國哲學家霍弗（Eric Hoffer）在《對人類處境的反思》（Reflections on the Human Condition）中所寫：「在一個劇烈變化的時代，未來是屬於學習者的。」[1] 他們迫不及待想要發現下一個新點子，以及未來無限多的新想法，因為每個想法背後都是一個充滿各種可能的世界，以及更光明的未來。

我很期待看到這本書將為你的生活帶來各種可能性。讓我們從第一個想法開始。

Part One
向每個人學習

在我們自認懂得一切後再學到的，才是最有價值的事物。
——幽默作家哈伯德（Frank Hubbard）……伍登（John Wooden）教練也經常重複提到這句話

第 1 章
從成長經歷累積實力

我家是美國海岸與大地測量隊十五個成員之一。我父親的工作是為國家地圖繪圖員標記經緯度。在任何需要繪製新地圖的地方，測量隊都需要他。所以每隔幾個月，我們就會收拾行李，把拖車掛在政府的大卡車後，搬到一個新的城鎮，讓父親標記新的經度與緯度。這就像一個沒有大象的馬戲團車隊，但同樣讓人興奮期待——我們可以探索新的地域，在沒去過的湖泊或溪流中游泳。

當有人問我來自哪裡，我總回答，「嗯，這說來話長」——因為我在全國各地的拖車公園長大，不論父親去哪裡，我們就要跟著搬遷。到七年級時，我已經在二十三州居住過。

對大部分人來說，這聽起來是段艱辛的成長過程。我並不總是介意。這個生活方式永遠存在冒險的感覺，因為是十五個家庭一起搬家，就像帶著鄰居們一起走，即使不斷搬遷，我們仍有自己的社群。不斷搬家對我們孩子而言，代表離開朋友，

也很少能見到親戚,但這也代表我們幾個家庭團結一心,建立一個強大的支援系統。例如,當我打棒球時,大約二十個「類親友成員」會到現場觀賽。隊裡其他人都很幸運,父母皆出席,但我有一整區的親友團為我加油。

我花了數十年時間,才發現這些經歷與我人生和事業走向的關係,尤其在做為領導者上,更是如此。例如,當我還是個孩子的時候,不明白測量團隊家庭支持對我的影響,因為那是我的「常態」。但這讓我感到被關心、欣賞與看重,我了解到,讓別人有同樣感覺是我此生能做最重要的事之一。展現我對別人傑出成果與想法的支持與認可,成為我的奉行圭臬。

歐里希(Tasha Eurich)在她的名著《深度洞察力》(Insight)中談到自我覺察這項關鍵能力,以及如何培養這種能力。她表示,有自覺的人了解自己的價值觀、抱負、熱情、最喜歡的環境、自己的行為模式、遇到事情的反應,以及對其他人的影響。我將在本書回顧其中一些元素,因為我們從人生中學到最重要的一項課題,就是了解自己。成長過程是這項資訊的金礦,所以何不從這裡開始?

成長過程塑造了我們:包括好的經驗、壞的經驗與日常生活中的尋常經歷。**當你從自己的成長經歷中學習,會了解你是誰、你的強項與弱點、你的獨特觀點,以及你的盲點。**

成為主動學習者意味著成為自己人生的歷史學家,所以從回顧自己的過去開始,像是最早的經歷與影響。尋找關於你所看重的事物、你的思考方式,以及你可能懷抱的偏見。你或許

會發現為什麼自己對某些人或某些想法感到親切。所有這些自我認知都會拓展你現在的學習能力。

這種歷史回顧可以用許多方法進行。我喜歡的一個方法來自心理學家麥克亞當斯（Dan McAdams），他大部分的研究與工作都集中在「人生故事可以呈現我們真正的自己」。他協助開發了一項名為「引導性自傳」（Guided Autobiography）的技巧，這項技巧讓人指出自己人生中的重要事件，然後對這些事件提出發人深省的問題。最具啟發性的問題是：

- 「為什麼你認為這是你人生中的重要事件？」
- 「這件事是如何呈現你是誰、你曾經是誰、你可能是誰，以及你是如何隨時間成長的？」[1]

我在領導生涯裡一直在做類似的練習，記錄我的生命線，包括重要的經歷、高峰與低谷。在每個重要經歷旁，我會記下它對我的影響以及我學到的東西。這個過程告訴我，遊牧的生活經歷造就了我人生的成功，但沒有避免我的失敗。出生在美國、擁有充滿愛與支持的雙親查理與珍（Charles and Jean Novak），是我人生最大的機遇。我在「由父母撫養長大」這句話旁寫上「導師與教練」。父親是我的第一個教練，母親則是我的第一個導師。

測量隊社群親友團在比賽幫我加油很重要，但父母在培養我對人的關注上發揮最大的作用。他們是最佳教練與導師的示範，時常強調盡早並經常建立人際關係有多重要。即使我已

經年紀不小，每次我在 CNBC《財經論壇》(Squawk Box)節目上擔任客座評論員時，他們都會準時收看，然後打電話告訴我，我表現得多棒。

我記得，每次我們抵達一個新城鎮，母親都會帶我到當地的學校對我說：「聽著大衛，你必須主動交朋友。不要畏縮不前，等著其他孩子來找你。我們只在這裡待幾個月，所以要珍惜時光。」因為母親的建議與我們的遊牧生活經歷，我明白人離快樂只有一個朋友之遙。我在職業生涯裡，把這個想法帶進了每個新的工作環境中。

克服恐懼，繼續前進

當然，這並未完全消除我對進入新學校的焦慮，但確實幫我克服了恐懼，並繼續往前進。到了新學校，當有第一個孩子鼓起勇氣對我打招呼或問我從哪裡來，用某種方式認可我時，一切都不一樣了。我了解到，任何試著讓別人在新環境感覺比較自在的通常是善良的人，只要有機會，我都會盡力當一個這樣的人，尤其在我擔任領導職務時。

我不想過度美化我的童年。我們確實有時候在一些城鎮很辛苦。我們並不富有，必須努力工作才能得到想要的東西。有幾個夏天，父親離開我們，到更偏遠的地方（像是阿拉斯加荒野）從事收入更高，但也更危險的工作。我們生活中的重要事件很少是簡單直接的，不是大好，就是大壞。我對這點的認識，來自歐里希在書中強調的自我覺察重要信號：「自覺的人

傾向對自己的關鍵人生事件構築更複雜的敘述：他們更可能從不同角度描述每個事件，納入多種解釋，並探究複雜甚至矛盾的情緒，而不是尋找簡單概括的事實，**自覺的人理解生命中關鍵事件的複雜性**。或許基於這個原因，複雜的人生故事往往與個人的持續成長與日後的成熟歲月密切相關。」[2] 許多主動學習者在談起自己的成長經歷時，我都看到這種微妙的故事敘述或自我覺察。

百事公司前執行長盧英德告訴我一個她向母親學習如何上進又求勝的故事。在她年幼的時候，母親會給她與兄弟姊妹出一項晚餐任務。例如，她會說「請以演講的方式，談談如果你是國家的總理，你會做什麼。」當晚餐結束，所有孩子依序發表完演說後，母親會選出最佳演說並頒發獎品──一小塊巧克力。母親從來沒有試圖確保每個孩子至少贏一次或輪流領獎。每次她都把巧克力頒給演講最出色的孩子。回想到這點，盧英德說，「今天任何一塊巧克力，即使它再大，嚐起來都不如那小小一塊巧克力香甜。」

拿回你的掌控權

摩根士丹利（Morgan Stanley）執行長戈爾曼（James Gorman，現任迪士尼公司董事長）分享了他從父親拉高標準做法所學到的東西，這些故事更有趣（至少從數十年後看是如此），也培養了他深刻的謙遜與獨立。戈爾曼是澳洲人，家裡的十個孩子之一。「這讓你知道，你並不特別，」他說，「總

有人比你聰明，比你有運動細胞，比你還風趣，比你更好看。」然後是他父親育兒的做法或許與現代的育兒建議並不一致，但確實讓戈爾曼既謙虛又自立，進而造就他的成功。當戈爾曼還小時，父親給所有孩子做了智力測驗，然後把結果按高低貼在客廳門上。同時在每個名字旁邊，列出可能的職業發展。在戈爾曼中等的分數旁邊，他寫了「中階管理人員」。他的父親還明確表示，所有孩子從十八歲起就要在經濟上自力更生，包括自己找方法支付大學學費。戈爾曼在攻讀學位期間兼了三份差，包括在宿舍掃廁所。

而萊斯（Condoleezza Rice）會告訴你，即便她成長過程遇到的挑戰比大部分人多，她還是用積極的心態面對。「我說的這些話或許有些矛盾，但我其實很慶幸自己是在種族隔離的伯明翰長大，」她這麼對我說。

當《民權法案》（Civil Rights Act）通過時，她才九歲。在那之前，她住在一個滿是成年人的小社區，其中許多人是學校老師，他們傳達了兩個明確訊息：首先，你必須加倍努力，才能在一個種族隔離的環境成功。第二，你或許無法控制外在的環境，但可以控制你對環境的反應。如果你把自己視為受害者，等於是把人生的控制權交給他人。「這兩個重要道理⋯⋯就像一副盔甲，讓我們為未來很長一段時間充滿敵意的世界做好準備。**如果有障礙，你可以繞過它、越過它，或是穿過它，但你不能讓它阻礙你前進。**我在伯明翰種族隔離的環境中學到這點，我心懷感激，因為我把這些道理帶進了

我的人生中。」

這些關於自尊與個人責任的學習，影響了她應對艱難環境的方式。她以蘇聯軍事專家的身分開始職業生涯，在許多場合都是獨特的存在。她試圖讓接納成為一條雙向的道路，這是對方的責任也是她的責任。她很快向人們展示自己屬於其中一員，也努力降低潛在的關係緊張程度。

作為一位年輕的教授，她獲得為期一年的獎學金，為參謀長聯席會議（Joint Chiefs of Staff）的核子策略規劃部門工作。「我是他們從未見過的三種人，」她告訴我，「女性、黑人、平民……第一天上班時，他們說，『菜鳥，去煮咖啡。』現在我會說，『我是史丹佛教授，我不煮咖啡。』當時我確實煮了咖啡。事實上，我煮得太濃，沒人能喝得下。後來再也沒人叫我煮咖啡。這緩和了緊張氣氛。然後下星期，我贏了足球彩券。週一早上我們就有話題可聊了。很快地，我和他們相處愉快，他們也覺得和我在一起很自在。」

不斷前進，但不要躁進

你的人生與成長歷程有什麼故事？你有沒有深挖這些故事，以更細緻地了解真實的自己，以及自己是如何思考與行動？你了解自己的優勢與盲點嗎？如果沒有，這可能會限制你現在的學習，讓你陷入重複的模式，對你產生不良的影響。

例如，不同於一般人的童年對我的人生有很大的幫助，它尤其培養我一個很大的長處，就是對變化感到期待與自在。但

如果我被它蒙蔽雙眼，看不到每個人是以不同的方式看待世界，它就會變成我的缺點。從我的履歷上，你就會看到一個這樣的例子。我時常換工作。我一直在尋找下個成長的機會，在收拾行囊、搬到下一站時從不猶豫。心思敏銳加上企圖心，促成了我事業上的成功。但當你換工作時，並不是每個人都開心。儘管我在成長過程一直很重視人與人際關係，但我也盲目認定周遭的人和我一樣，隨時準備跳上卡車前往下一個城市，而沒有考慮他們的感受。

我職業生涯中最重要的一個職位，是必勝客的資深行銷副總裁。在為外部廣告代理商工作超過十年後，這是我第一份進入大公司的工作。必勝客總裁雷蒙（Steve Reinemund）冒險雇用了我，儘管我在餐飲業沒有任何經驗。他從第一天就全力支持我，花時間教導我關於他所知業務的一切，這些內容非常龐雜。不過他的冒險與投資得到回報。我在三年多的時間裡，將公司的銷售額與利潤翻了一倍，而且讓外送業務轉虧為盈。

因為我團隊的成功，百事公司全球飲料執行長恩里科（Roger Enrico）邀請我去飲料部門擔任行銷與銷售執行副總裁。這是一個重大任命，因為所有人都知道飲料部門對公司有多重要。這是一個絕佳的學習機會，也意味著離開堪薩斯州威其托（Wichita），前往充滿人脈與工作機會的紐約。我欣然接受這機會。

但可能有點太快。

必勝客的雷蒙很不高興，他眼下沒有替代我的適合人選。

我與恩里科的討論，並沒有讓他參與，儘管他是一位出色的導師與教練，但我在考慮跳槽時，並未徵詢他的意見。他並非對情況一無所知，但我告訴他時，這決定已是定局。雷蒙給了我職業生涯最大的突破，我欠他的比回饋他的多。我只是沒有意識到，我從小學時代開始培養的那種安於變化與不斷前進的能力，並非所有人都與生俱來。在那之後，我們花了一段時間才重新建立起良好關係，我也是花了許多年才明白，自己必須放慢腳步，不要躁進，同時設身處地為別人著想。

∽ • ∾

對我們影響最大的，可能是父母、老師、教練、朋友、社工、整個社區，或社會。我們的成長過程可能比別人輕鬆，也可能比別人艱辛。不論過去有什麼人或事影響我們，我們都能從這些經驗中學習 —— 因為我們能給自己最好的禮物，就是認識自己。

從成長經歷中學習

- 在你的人生中,誰對你的價值觀、目標、世界觀、自信心影響最大?
- 列出你人生中的高峰與低谷。你從兩者中學到什麼?
- 當你從學習的角度來看,你早年的哪個故事證明了你的能力?

第 2 章
擺脫束縛你的東西

在我的職業生涯裡,即使不總是清楚自己的方向,但我確實知道自己想不斷成長、不斷改善。通常,這代表尋找新的環境。我意識到,自己獨特的成長經歷(每隔幾個月就要搬到一個新的城鎮,換到一所新學校,直到十二歲),可能使我比許多人更適應這種變化,但根據我的經驗,大部分主動學習者都依循類似的模式,因為不移動意味著不成長。

新環境帶來不確定性與風險,這是人類最不喜歡的兩件事。大腦認為損失的威脅比獲得機會更重要。無論是搬到一座新城市,或是換到一間新公司,我們都不了解那裡的人或文化,也不知道自己到那裡會不會成功。大腦告訴我們,最好原地不動,待在更確定、風險更小的已知環境。但這並不永遠是正確的選擇。西洋棋神童、《天才小棋王》(Searching for Bobby Fischer)電影與原著主人翁維茲勤(Josh Waitzkin),後來成為太極拳世界冠軍。他在《學習的王道》(The Art of Learning)中

寫道,「成長是以犧牲過去的舒適與安全為代價。」[1]

選擇值得冒險的環境

主動學習者在新環境也會感到不舒服,但他們會把焦點放在成長的機會,來克服天生的風險趨避傾向。**對主動學習者而言,萎縮退化比變化更令他們難受。**這種心態幫助他們找到可以學習的事物,並加以利用,這讓主動學習者在新環境更成功。當他們在一個環境中感到學習與成長停滯時,就知道該是時候尋找新機會了。

他們降低危機感與建立足夠信心的方式之一,是謹慎評估與選擇新環境。你也可以這麼做。當你面對一個新環境時,可以從以下四方面加以評估:

- 新的知識、技能或系統
- 新想法或創新思維
- 新認識的人與他們的觀點與意見
- 促進個人成長的新影響

環境是新的並不意味著它就是理想的,尤其涉及到學習機會時,更是如此。例如,在我上中學前,每年至少換三所學校。有些學校很棒,有些則否。我在一所學校裡,每天都被霸凌。在另一所學校,即使我在那裡只待很短的時間,也有一位老師非常認真教導我。多年來,我學會快速察言觀色,這對我

在職業生涯裡選擇公司的方式產生重大影響 —— 選擇我知道值得冒險的環境。

大學畢業後,我的第一份工作是在一家小型的本地廣告代理商。經過幾年的學習,與一些邊做邊學的絕佳經驗,我已經準備好提高自己的能力,並轉向客戶管理。我想在一家更大的公司工作,這家公司可以吸引更多全國客戶與更多人才。我對全國前二十五大的廣告代理商投了二十五份履歷,得到匹茲堡凱契姆－麥可勞德－格羅夫(Ketchum, McLeod, & Grove)公司客戶經理的職位,這是一個很大的進展。在那裡,我為詹姆士(Tom James)工作,他對行銷的了解勝過任何人,並且對我傾囊相授。不過在凱契姆工作幾年後,我覺得自己已經準備好更上一層樓。在詹姆士的幫助下,我在廣告業聖地紐約得到幾間大公司的面試機會,這正是我一直希望的。

但也是在那時,我開始意識到**有些新環境不會促進你的學習,甚至可能減緩你學習的速度**。在紐約,我感到格格不入。我感覺廣告代理商只把我當做來自中西部、只有大學學位的孩子。面試我的都是企管碩士,很多還來自常春藤盟校。他們看起來都是學歷至上,讓我懷疑沒有人會願意試著讓我為他們的知名大客戶工作。我知道自己的能力,但如果我接受其中一家廣告代理商的工作,我不確定自己是否有機會證明這一點。我不會有最大的舞台,至少不是以一種能讓我快速學習的方式進行。

幸運的是,一個更好的環境出現了。達拉斯一家名為崔西

洛克（Tracy Locke）的廣告公司正在找人負責它的客戶菲多利（Frito-Lay），為新產品托斯蒂多滋（Tostitos）做宣傳。這是一家能見度很高的全國性包裝食品客戶，在那裡我可以學到最先進的行銷與廣告策略。我覺得這是一個適合我的新環境。事實證明確實如此，而且它還讓我的事業大幅躍進。

那麼，你該如何選擇一個對你有同樣助益的新環境，或是用其他方式讓你突飛猛進。**首先，確保新環境能提供對你當下重要的任何領域的學習與成長機會**，就如我的做法。當你懷抱雄心壯志，但不確定如何實現目標時，尤其如此。科技公司執行長暨創業家卡西迪（Sukhinder Singh Cassidy）提出了她所謂「接近的力量」的建議：「當我們試著規劃未來時，經常會做案頭研究，了解其他人是如何達成與我們類似的目標……與這項工作同樣重要的是下個步驟：讓自己置身於一個充滿人的環境，這些人每天都在做我們難以想像的事。」[2] 這就是選擇新環境的全部意義所在。

其次，選擇一個適合你的環境。了解你個人理想的環境，是自我覺察的一個重要面向。你可以用點時間思考怎樣的環境能幫助你成長，怎樣的環境讓你不舒服以至於難以集中精力學習，藉以培養自我覺察。這也是每個人在接受一份工作前，應該盡可能去了解公司文化的原因之一。你要試著回答的問題是，這種環境能幫助我快樂、成功，並專注於成長嗎？適合你的環境，可能並不總是你應該去的環境。在我職業生涯的那個階段，紐約並不適合我，儘管許多人都告訴我，那是我必須去

的地方。

當然,即使經過反覆思量,什麼環境適合你的答案也並不總是顯而易見。以盧米斯(Carol Loomis)決定搬到紐約為《財星》(Fortune)雜誌工作的經驗為例。儘管盧米斯來自中西部小鎮,畢業於一個只有 36 人的班級,她對在紐約強大公司工作的印象與我正好相反。在她從全美最受尊敬的新聞學院密蘇里大學哥倫比亞分校(University of Missouri in Columbia)畢業前,就知道自己想要這樣的工作。紐約是三大雜誌《生活》(Life)《時代》(Time)《財星》的大本營,沒多久,她就進了《財星》雜誌。

對財經記者而言,紐約無疑是最好的工作環境。但這對五六十年代的女性而言並不容易,這時盧米斯才初出茅廬。「《財星》就如同時代公司旗下的其他雜誌,是按照創辦人魯斯(Henry Luce)認為世界應該運行的方式所規劃,」盧米斯說,「那就是男性寫作,女性協助。」對許多人而言,這不是個合適的好工作。儘管被聘為支援性質的研究員,盧米斯仍熱愛這份工作。她跟隨資深記者走遍全國,旁聽他們的採訪。

這是一個絕佳的學習經驗。「我對自己所知多少沒有錯誤假設,」她說。盧米斯很快被擢升為研究部助理主任,在《財星》雜誌工作八年後,她終於得到寫作的機會。「我一直都很有耐心,我覺得自己無時無刻都在學習。」

最後,她在《財星》雜誌工作了六十年,不斷在公司內部尋找新環境來探索。她參與創建《財星》500 大榜單(因為她

熱愛數字），成為企業金融專家（她創造對沖基金這個詞），而且長期擔任巴菲特（Warren Buffett）年度致股東信的編輯（他們是好朋友，幾乎每天通話）。當盧米斯在 2014 年正式退休時，巴菲特說，「八十五歲的她有興趣學更多。」

儘管表面上來看並非如此，《財星》實際上對盧米斯是個完美的環境。有時候，當你選擇能幫助自己成長的環境時，必須深入挖掘，釐清你的優先順序。

第三，選擇一個能對你產生正面影響的環境，這樣你不只能吸收新技能、新知識與新想法，還能學到更好的合作、更好的領導、更好的自我管理，或任何你認為需要加強的個人成長領域。社會與文化環境對我們的思想與行為有著巨大的影響。心理學家葛瑞尼（Joseph Grenny）與合著者在《掌握影響力》（Influencer）一書中表示，如果你想改變行為，必須改變社會環境與結構環境（structural environment）。在《原子習慣》（Atomic Habits）一書中，克利爾（James Clear）認為，在養成新習慣時，環境通常比我們的動機更重要：「尤其當時間一久，你的個人特質往往會被環境所壓倒。」[3]

全心投入做好一件事

面對外在環境，你可以與之對抗，或利用它來得到更多的學習與成長。投資銀行家葛利澤（Eric Gleacher）清楚環境的力量，以及它不僅能提供新技能，還能在一個人非常年輕時就將他塑造成未來的模樣。葛利澤從西北大學畢業後，自願加入海

軍陸戰隊,這是越戰徵兵開始的前一年。他說,「我下定決心,如果我要做一件事,就要把它做好。如果我要從軍,就要選擇最具挑戰性的環境,那就是海軍陸戰隊。」他認同這想法,然後決意做到。

在匡提科(Quantico)結訓後,他的第一項任務是到北卡勒瓊營(Camp Lejeune)的海軍陸戰隊第二師,這是一項領導任務,因為他是少數的大學畢業生。當葛利澤抵達時,他所在的小隊正在野外訓練,幾天後才會回來。一位中士請他檢閱檔案,來了解他所在小隊的士兵。讀完檔案,他感到無比震驚。小隊中有一半的人身經百戰,曾在古巴飛彈危機期間在海外服役。「我在這裡能做什麼?」他思忖。「我應該是上級軍官。我二十三歲。我在匡提科完成訓練,但現在這情況可不是鬧著玩的。」

他決定他唯一的選擇就是做自己,全心投入,做他應該做的事。葛利澤告訴我,在那個環境身處三到四個月,他學會了對自己往後職涯與人生重要的一切事物,這些深刻的價值觀影響了他如何領導、如何養育下一代,以及如何待人接物。

「我了解到,你在與人打交道時必須保持百分之百的誠信正直。在帶領海軍陸戰隊步兵時,絕不能忘記這一點。事事必須講求真相。」葛利澤學會在每件事情上追求卓越。這是在海豹部隊(Navy SEALs)這樣的菁英訓練計畫存在之前。海軍陸戰隊就是菁英,這對男人意義重大。「如果去步槍靶場,你就必須成為最準確的射手。無論你想做什麼,都必須追求

卓越。」他學會平等待人的價值觀與能力。葛利澤的兒子吉米（Jimmy）曾在一本書的獻詞這樣描述他：「他對門衛說話，就像對執行長說話一般尊重。」他的部隊裡有四十五個人，組成非常多元。葛利澤告訴我，大多數人沒有高中畢業，但他們非常聰明、直覺敏銳，而且想成為最出色的一員。「我獲得關於人的廣博知識，這些知識一直影響著我。」

離開海軍陸戰隊後，葛利澤用這些知識獲得企管碩士學位，最終進入併購事業。他在雷曼兄弟（Lehman Brothers）創立併購部門，在摩根士丹利擔任併購部門主管，然後創辦了自己的公司並獲致成功。他是業界的傳奇人物。如果沒有他在海軍陸戰隊養成的價值觀、理想與領導特質，這一切都不可能實現。

葛利澤尋找了一個新環境，並謹慎地選擇了它。他在那裡學到的東西，深刻地影響了他後半輩子。這就是適合環境能發揮的影響力。正如我們都知道，有些人二十七歲就老了，有些人八十八歲還年輕。那些一生都保持年輕的，必然是主動學習者。探索新環境，尤其是著眼未來的環境，是他們保持年輕的方式。當我離開百勝餐飲集團執行長的職務，有許多新環境對我敞開大門。我被邀請加入各式各樣的董事會。我婉拒了大部分，但同意加入康卡斯特（Comcast）的董事會。這是我不太了解的產業，它倚賴技術與新形式的媒體。我知道只要成為董事會一員，傾聽成員對話，閱讀公司領導者的來信，就能不斷了解媒體與技術領域最新的想法。而這確實如我所料。我可以自

信地說，我比大多數同齡人更了解 Netflix、Hulu、哈利波特、任天堂，以及製作一部像《歐本海默》（Oppenheimer）這樣的熱門電影需要什麼。

≈ · ≤

如果你還在猶豫是否要採取一個可能是好主意的行動，可以主動出擊去解決你的焦慮。暢銷書作家瑟漢特（Ryan Serhant）是美國最成功房地產經紀公司的創辦人，也是實境秀《百萬美元豪宅》（Million Dollar Listing）的明星。他對新環境並不自在。他對我說，自己是個害羞的孩子，時常缺乏自信。他選擇演藝事業，以及之後高調的房地產與媒體產業似乎不太尋常。為了在這些產業獲得成功，他把自己推進不舒適的環境與情況，但他知道這會幫助自己學習與成長。瑟漢特開發了一項幫助自己在新環境克服焦慮的技巧。他拿出手機，根據自身情況列出一份利弊清單，把重點放在什麼最讓他緊張，以及完成能帶來什麼好處。例如，他會在參加一個從未去過的活動前做這件事，他不認識裡面的任何一個人，但這活動給了他遇到潛在客戶的機會。把環境或情況可能糟糕的原因寫下來，是一個很有效的學習方式。「如果你明天再看，」瑟漢特對我說，「你會又笑又生氣自己沒有好好利用這個情況，」因為我們的恐懼通常是沒有根據的，而且事後看起來似乎微不足道。列出可能發生的所有好事，能有效安撫緊張情緒。儘管大腦傾向讓

人遠離未知，但你可以學會克服障礙。固守原本環境、停滯不動，錯過新環境所有學習與機會導致的風險，仔細想想，似乎永遠比採取行動的風險還大。

從新環境中學習

- 你是否曾在某個環境，比如一個團隊、一家公司、一間公寓，或一座城市中待得太久？當你最終換到一個新環境時，發生過什麼事？
- 你從目前的環境中學到什麼？是時候換個新環境了嗎？
- 想想你學習與成長最多的環境有什麼特點，像是步調、文化、領導方法等。在你選擇下一步時，要如何尋找這些特點？

第 3 章
填補自我不足

我職業生涯最大的飛躍之一，是從百事公司飲料部門的行銷長轉任營運長。這個職位幾乎可以說是我乞求來的，因為我沒有任何營運的經驗。為了爭取這份工作，我告訴執行長，如果我沒有在六個月內取得成功，他可以把我調回行銷部門，甚至解雇我，我不會有任何異議。

這是一個冒險的提議。我作為行銷主管，很少參觀裝瓶廠這樣的營運中心。當我參觀時，總是禮貌地聽導覽與經理說話、點頭示意，好像我在思考他們分享的東西。事實上，這些資訊只是從我隱形的行銷頭盔反彈出去。

如果我想在短短六個月內證明自己勝任營運業務，就必須先迅速填補這部分的知識空白。幸運的是，我發現達成目標的關鍵策略：**快速獲得知識與信心的祕訣，就是先找出並承認自己的不足**，我所認識的每位主動學習者都在用這個祕訣。然後，找到適合的專家，盡可能多問他們問題。他們懂你不懂的

學問，而且通常樂意幫忙。

我開始召集對裝瓶過程瞭若指掌的人，他們知道如何解決供應鏈問題，以及如何控制成本與增加利潤。然後，我找到我認為最了解公司營運問題與最佳解決方案的人。

這些人無疑就是製造產品並與顧客交談的員工。我於是養成一個習慣：去一個有裝瓶廠的城市。我早上五點起床，在巡迴銷售人員出發前與他們交談，並仔細聆聽他們對我問題的回答：「我們從客戶那裡聽到什麼？我們在哪些方面做得好？我們需要在哪方面改善？」有時我會加入他們的推銷電話，問顧客同樣的問題。回到裝瓶廠時，我會對接聽電話與在場討論的人做同樣的事。

我從他們身上了解到許多情況。我們的預測很糟糕，我們經常缺貨。我們無法快速地把產品從倉庫中運出來。整體士氣低落。我透過日復一日、一次又一次的巡訪，求助於那些我認為比我懂更多、甚至可能比高階主管團隊懂得還多的人，來幫助我填補知識上的空白。

當我跟工廠經理匯報時，他們常感到吃驚。他們會問：「你怎麼這麼快就發現這些問題？」我會說，「我有問過。」

當你請比你懂得多的人分享他們的知識時，你會驚訝地發現自己能學到這麼多。

有時你需要讓他們放鬆，或是讓他們沒有顧慮地告訴你真相（下一章會詳細介紹），但總的來說，他們想要分享，也喜歡有人傾聽。這也是獲得洞察力最快的方式。你跳過試錯，跳

過別人已經處理完畢的東西。這能讓你更快地掌握議題、問題與機會的核心。

發現自己的天賦和不足

與我一起加入康卡斯特董事會的蒙蒂爾（Maritza Montiel），在擔任知名專業服務公司德勤（Deloitte）副執行長與副主席之前，就曾用這個策略讓公司迅速成長。她最大的成功之一，是快速開發並壯大一項全新的業務──為聯邦政府提供顧問服務。

她意識到，與世界最大的專業服務買方建立合作是個巨大的機會。她加以研究，然後對董事會提出自己的想法。德勤的另一位管理合夥人在會議後走過來對她說：「這行不通。我們曾試過，但從來沒有成功過。」但在她的帶領下，這項業務成功了。如今，德勤是為聯邦政府提供專業服務的最大供應商之一，這項業務對德勤至關重要。

蒙蒂爾會告訴你，她非常了解自己的不足。「我當然對與聯邦政府做生意一無所知。」她做的第一件事，就是找一位懂得與聯邦政府做生意的合作夥伴。他們一起建立了一支人才濟濟、經驗豐富的團隊。她告訴我：「如果你想要有效率且成功，就必須讓周圍都是比你聰明的人。」

對一些人而言，承認這一點可能很難，對蒙蒂爾來說，我想或許特別不容易。她是在男性主導產業與公司工作的女性領

導者。她是德勤第六位成為合夥人的女性,也是第一位拉丁裔女性。她是古巴移民,由單親媽媽撫養長大,家裡有三個孩子,她是其中之一。任何擁有這些經歷,並在這環境努力取得成功的人,勢必更想證明自己知識廣博,而非承認自己在某些方面的無知。然而蒙蒂爾是一位主動學習者。

為了找出自己的知識缺口,主動學習者會問這樣的問題,「為了實現目標,我在哪些方面需要幫助?」以及「什麼會破壞我的計畫?」有時候答案十分明顯,就像我的與蒙蒂爾的一般。有時候,如果沒有別人的提醒或協助,我們很難發現自己的不足。

藍奇歐尼(Patrick Lencioni)在發現自己的不足時,就是如此。當時一位同事出自好意的問他,「為什麼你會這樣?」她說自己注意到藍奇歐尼早晨上班時都精神抖擻,但在會議進行到一半時會突然變得暴躁。然後在下次的會議上,他又再次樂觀起來。藍奇歐尼自己也意識到這點,這讓他很困擾,但他不知道為什麼自己情緒起伏這麼大。他的同事帶著好奇與同情提出這個問題,促使他說,「我不知道,但我想弄清楚。」他們就此深入討論起來。在長達四小時中,他們分析了藍奇歐尼(與許多人)一整天從事的各種工作。他們找出六種「把事情搞定」的才能,稱之為工作天賦:

- 好奇:思考可能性、潛力與機會
- 發明:創造新穎的想法或解決方案

- 洞察：評估與分析想法與情況
- 激勵：組織與鼓舞他人採取行動
- 支持：提供鼓勵與幫助
- 堅持：推動專案完成

藍奇歐尼知道自己擅長其中兩項：發明與洞察。但當他想到另外幾項，就沒那麼開心或興致勃勃。他在工作與家中，和其他人一起測試了這個模型，結果令人震驚。一位執行長眼眶濕潤地說，「現在我知道問題出在哪裡了。」藍奇歐尼與團隊創造了一項測驗（超過 50 萬人做了這項測驗），並寫成一本書《六種工作天賦》（The 6 Types of Working Geniuses，暫譯）。這本書幫助人們了解，自己可以在哪方面向別人尋求協助與支持。

藍奇歐尼認為這比他做過的任何事都還要有影響力，更能改變人生。「現在我知道自己對什麼拿手了，」他告訴我。「我知道自己不擅長什麼，現在也更能接受。我有辦法建立團隊，讓人們學習對方的長處，填補彼此的不足。」

你可以試做藍奇歐尼的測驗，或其他像是蓋洛普克利夫頓優勢測驗（CliftonStrengths）、DISC 性格測試、邁爾斯－布理格斯人格分類指標（Myers-Briggs Type Indicator，簡稱 MBTI）等。這類測驗很多，而且往往相互重疊。你不需要全部都做，但做一些能幫助你更了解自己。每當你明白自己的長處、基本行為或特質，同時也找到別人能幫你填補的不足。

當你試著找出比自己懂更多的人時，測試一下你對專家的假設。你不需要該領域最菁英、最知名，或最成功的人。專家只是對某件事有深入了解的人 —— 你可以在眾多地方與職位上找到這樣的人。

例如，擔任高盛集團（Goldman Sachs）總裁近十五年的溫伯格（John Weinberg），是金融界的傳奇人物。他是我最早聽到談論「填補不足」的人之一，但這與商業無關。溫伯格在第二次世界大戰期間是一位海軍陸戰隊員，但或許不是你想像的那種。他身高五呎七吋（約 170 公分），也並不健壯。他的槍法不算太好。雖然他通過基本訓練，但當時大多數人都能通過。溫伯格並非一無是處 —— 他受過良好教育、廣受歡迎。他的裝備總是打理整齊，保養得很好。他擅長思考，不容易被激怒。因此，溫伯格去找了一個擁有他欠缺技能的士兵，與他達成一項協議：「如果你能幫助我活下來，教我如何保護自己，如何射擊而不被擊中，我會幫你打理好你的裝備，盡我所能的幫助你。」這位戰友同意了，經過一個月又一個月，溫伯格成為一位更優秀的軍人。「他填補了我的不足，」溫伯格告訴我，這位戰友還不只一次救了他的命。

請教行家，填補知識缺口

我從第一線工作的人，像是裝瓶生產線、倉庫，或肯德基操作炸鍋的團隊成員身上收集到的重要知識，往往比從高階主管那裡收集到的還多。他們知道我不懂的事情，指出關鍵問

題,並幫助我理解為什麼我們最偉大的新想法,在實務中不如預期般奏效。

每間公司都有不少專家。無論問題是什麼,答案幾乎都在公司大樓裡。如果你需要了解公司的歷史,可以去找一位工作二十五年的資深員工。如果你想要知道顧客在想什麼,就去問客服人員。如果你沒法讓送貨卡車準時到達,就跟著送貨員把路線走一遍。

但我也經常往大樓外看。當我試圖解決特定的挑戰時,很少雇用顧問,而是選擇一位公認可信的專家、一位有成就的商界人物、一位經驗老到的從業人員,或是在這主題上寫了暢銷書的作者。

我的妻子溫蒂(Wendy)從小患有一型糖尿病。因此,透過我女兒芭特勒(Ashley Butler)領導的改善生活諾瓦克家族基金會(Lift a Life Novak Family Foundation),我們在當地醫療中心建立了溫蒂諾瓦克糖尿病研究所(Wendy Novak Diabetes Institute)。我們想讓它成為全國相關類別的頂尖機構,這是一項艱鉅的任務。從資金到科學,對我們來說都是全新的領域,有許多未知。就連領導研究所的內分泌學家對這項工作也是新手。

我們求助於能力所及找得到的最優秀專家,請教全國最頂尖的機構之一,科羅拉多州芭芭拉戴維斯糖尿病中心(Barbara Davis Center for Diabetes)的醫學領導者。我們花了一天時間參觀它的設施,並採訪行政人員。他們如何經營這家機構?他們

如何在照護方面保持領先,並提供患者良好的體驗?我們參觀了聖猶達兒童研究醫院(St. Jude Children's Research Hospital),學習如何創造適合兒童的空間。我甚至記得一些簡單的做法,像是他們提到所有油漆顏色基本上都是一樣,所以選擇明亮、愉快且吸引人的顏色。

我們向那些建立基金會醫療中心的人,講述了研究所可以如何整合進他們機構的提案。這些經驗豐富、知識淵博的人,幫助我們了解應該提出的問題,以及如何傳達我們的目標與要求。經過一次又一次的對話,我們感到更有自信能完成這項計畫,也確信自己做了正確的決定,因為我們不斷填補了知識的不足。

如果你不知道應該向誰請教,可以從那些在現實世界應用自己想法,並證明想法有效的人開始。在百勝餐飲集團,我求助於柯林斯(Jim Collins)、包熙迪(Larry Bossidy)、舒茲(Howard Schultz)、蒂奇(Noel Tichy)等人。這裡有一個訣竅:當我請這些專家來幫助我們應對挑戰時,從不要求他們發表一貫的巡迴演說。我盡可能讓最多的內部領導者參加會議,然後進行問答。我們請專家用具體的做法與工具提供培訓。我們沒有試圖吸收廣泛或普遍的智慧。我們的學習有目標,因此問題或實際練習比演講更有價值。

接下來問自己,他們真的會填補我的知識缺口嗎,還是會保留自己最好的想法,或是試圖讓所知複雜困難化以顯示其優越?他們是否會將知識簡單明瞭呈現?基本上,你在問的是,

這人是個主動學習者嗎？因為主動學習者喜歡幫助別人填補知識缺口。

巴菲特（Warren Buffett）是我見過最棒的專家，也是最好的老師之一。當我成為百勝餐飲集團執行長，我個人最大的知識缺口是上市公司的財務，以及如何與華爾街分析師、投資人打交道。我修過一些課程，但我知道，基礎知識不足以處理這些細節。我很幸運能接觸到大師本人，我去奧馬哈與他會面幾個小時，一起在肯德基吃午餐。（無論我們何時去，他總會在原本調味的雞肉上加鹽，這不是許多人會做的事，他也總會在餐廳與團隊合影。）

我對分析師與投資人感到畏懼，巴菲特給了我與這些人溝通的最好建議。他在某個時刻問道，「大衛，你對自己的品牌充滿熱情，但你是否談論過什麼地方出問題，或什麼地方可能出問題？」他說，告訴投資人與分析師，這個事業不容易，並提醒他們，公司不可能每個季度都大幅獲利。但從長遠來看公司會成功，因為你是以正確的方式執行業務。巴菲特告訴我，如果我提出可能出問題的地方，久而久之，分析師與投資人就會相信我是以一種公正的方式看待公司的業務。我就是照他的建議這麼做。由於巴菲特教導我冷靜推銷的概念，我在投資人與分析師面前變得更有自信也更令人信任。

現任摩根大通（JPMorgan Chase）執行長的戴蒙（Jamie Dimon）加入董事會也有很大的幫助。很明顯，他是一個高階金融專家，也是一位主動學習者。他同意加入董事會的一個關

鍵原因，是向我與其他人學習零售業的消費者面向，因為這是他的知識缺口。他想更加了解如何提高顧客滿意度、顧客關係與顧客參與度，他認為可以利用我們的知識來發展這些能力。

最後一個要訣：**如果你想要別人和你分享他們的專門知識，你必須對等回饋**。你也必須願意分享你的專門知識。我們將在後面的章節進一步討論。

如果你想成為一位主動學習者，我建議你假設別人知道的比你多。每天向他們學習，你會突然發現通往你想完成目標或想開發解決方案的捷徑。你會感覺自己像是重回孩提時代，充滿好奇與靈感。當到了你需要做決定並採取行動的時刻，就能帶著專家等級的洞察力與信心去完成。

向比你內行的人學習

- 在你生活中是否有哪些方面感覺陷入困境？你是否曾請教某個比你懂的人來幫助你找到前進的方向？這個人會是誰呢？
- 在你的人生與事業上，哪些專家影響力最大？他們有什麼共同特質？
- 你是否限制了自己對「專家」的定義？你是否忽略了生活中的專家，這人比你內行、擁有你不懂的知識，但你還沒請他幫你填補知識缺口？

第 4 章

聽得進真話

百勝餐飲集團是一家負責百事公司餐廳業務的新公司,當我毛遂自薦擔任該公司的董事長及執行長時,恩里科對我說,「大衛,你不明白自己不懂什麼。」我對這句話不以為然。作為必勝客與肯德基的總裁,我成功帶領這兩家公司度過難關,我認為自己已經準備好升級去領導這家包括必勝客、肯德基與塔可鐘的大型上市公司。

恩里科相信我有能力經營這家公司,但認為我需要一位經驗豐富的董事長,一位能平衡我的優勢與成長領域的合作夥伴。恩里科作為一位花了數十年才升到百事公司董事長暨執行長的人,在聘請合適領導者管理區域及部門上,他可能是對的。然而,我沒有意識到這一點,不斷爭取我想要的職位。

恩里科不打算讓步,但我從他那邊得到一個妥協:我可以推薦一位董事長。我推薦精明幹練的皮爾森(Andy Pearson),他是一位擁有五十年經驗的鐵腕老闆與商業大師。皮爾森曾經

擔任百事公司總裁,並在公司收購塔可鐘與必勝客時掌舵,我們一同成立百勝餐飲,他擔任董事長暨執行長,我擔任副董事長暨總裁。

皮爾森曾告訴我一個故事,說明他如何變得這麼成功、如此受人尊敬。離開百事公司後,許多公司都積極延攬他,但他決定暫時離開公司領導層。反之,他要把自己的豐富知識帶給哈佛商學院的幸運學生。他能在短短九十分鐘的演講內,分享完領導一家公司的所有洞見,讓求知若渴的企管碩士們學習。看起來很簡單。

在第一學期結束時,皮爾森不假思索地分發了必要的學生評估表。他想學生理當感恩他們學到的一切。想像一下,當學院院長告知,他實際上是整所大學評價最差的教授時,他有多驚訝。「學生說我沒有在教學,而是在說教,」他告訴我。

皮爾森本來可以置之不理,或對自己的做法進行微調。他本來可以說,「教書不適合我。」但那不是皮爾森。反之,他承認或許自己並不如想像般了解如何教導企管碩士學生,並且深入研究學生的回饋。他在回饋中發現,學生想要少一些講課並增加更多討論。於是他減少講述自己的故事,增加與學生一同分析的案例。減少自己的意見,同時提供更多他非凡的資深商界領袖人脈網路。

皮爾森從說真話的人身上獲得了意見,並採取行動。他徹底改變了教學方式。隔年,學生將他評為學校最棒的老師。

關於如何不斷學習與成長,皮爾森教我的比任何人都多。

久而久之,他成為我最好的朋友,就像導師、另一位父親與兄長的總和。他成為一位對我說真話的良師益友。

珍視對你說真話的人

說真話的人是我們人生中學習的重要來源。但很多時候我們並未善加利用,因為無法接受真相。我們不喜歡聽到「投資人不相信你有能力獨自經營這家價值數十億美元的全球企業」,或者「你是個糟糕的老師」,甚至「你牙縫裡有東西」。正如法國哲學家與評論家狄德羅(Denis Diderot)曾說的,「我們貪婪地吞下任何奉承的謊言,但只會一點一滴啜飲苦澀的真相。」

這不只是哲學,而是我們的天性。從神經學上來看,我們處理社交痛苦的方式與處理身體痛苦的方式如出一轍 —— 把它當作需要消除的威脅。[1] 當有人告知一個關於我們的表現、自以為聰明的想法,或自身不太正面的事實,我們會把它視為對自己地位、公平性與評論者關係的威脅。研究甚至顯示,社會排斥會導致身體發炎。[2]

當有人夠在乎你,夠勇敢告訴你真相時,你最好的做法就是與忽視或躲避真相的本能對抗。克服大腦保護你的生物本能,關掉腦子裡說「他們錯了」的聲音,別奪門而出。做幾個平靜的深呼吸(這真的有效),提醒自己這人可能基於重要原因要讓你看到真相,然後傾聽。

主動學習者每天都在做這套思想體操。他們努力保持謙虛

與開放的心態（詳見第二篇），因為他們了解說真話的人帶來的價值。多年來，說真話的人在我領導的團隊發揮了重要的作用。有時候我真想把他們趕出我的辦公室，但我總是聽他們的逆耳忠言。

在百勝餐飲，負責公共事務的布魯姆（Jonathan Blum）是我的一位說真話的朋友。他會走進我的辦公室，告訴我，我在會議上冷落某個人，我的一個想法不太好，或是應該辭退團隊中的某個人。我真想把他趕出去，他也看得出來。但布魯姆只是讓我的怒火慢慢消退，不斷重複真相直到我聽進去為止。我聽進去了，因為我知道他是為我著想。我們都需要這樣說真話的人。

然而，**主動學習者並不是坐等說真話的人出現。我們會把他找出來。我們接納他的意見。我們把他留在身邊，而不是拒於門外。**我們向他詢問真相。當我問麥當勞執行長肯普辛斯基（Chris Kempczinski），他會給胸懷大志的領導者什麼建議時，他很快回答我：「找一個告訴你真相的人。因為當你的職位愈升愈高，願意告訴你真相的人會愈來愈少。如果人們不告訴你真相，你就會錯過重要資訊，然後無法維持成功。」

我生命中最重要的說真話者是我的妻子溫蒂。她和我的父母，是我成功的最大貢獻者。有時她讓我很生氣。有時我不同意她的觀點。儘管如此，我還是試著去傾聽──因為她經常是對的。我時常徵求她的意見。每次我演講，她都給我打分。溫蒂會說，「這場是 B，」這讓我的自尊心立刻提出抗辯。「怎

麼可能只有 B！剛才有五個人跟我說我講得很棒！」她只是重複事實，「嗯，是 B。」於是我深吸一口氣問，「為什麼是 B？」她會告訴我，開場不太吸引人，一個笑話沒講好，或是任何我沒得 A 的原因。

我一直在努力學習，從溫蒂那裡我學到很多關於如何改進演講、Podcast 和書的知識。但說真話的人還有一個很大好處：當他們說你做得很好時，你絕對可以相信。當我從溫蒂那裡得到 A 時，我知道自己無疑達成最佳的表現。

托尼（Tyler Toney）與科頓（Coby Cotton）是「完美酷哥」（Dude Perfect）五人團隊的創始成員，他們都是擅長特技球的 YouTube 網紅與體育明星。他們告訴我，說真話是團隊獲得最佳點子的方式。他們從大學時就開始一起合作，而且每個人都好勝心很強。「在這裡你必須臉皮夠厚，」托尼說，「因為你會被告知，『這點子爛透了。』」科頓表示贊同：「評判來得又快又嚴厲。但只要你願意不斷拋出想法……」

他們發現，絕妙點子往往是由差勁想法激發出來的。「科頓，你的點子糟透了，」科頓模仿其他人的話說，「所幸，我們從中取出了一塊黃金。」如果無法忍受真話，完美酷哥的創作過程就無法奏效，永遠得不到最棒的點子。從他們在 YouTube 上有近 6000 萬粉絲與超過 150 億瀏覽量，為國家美式足球聯盟（NFL）主持「週四足球夜」（Thursday Night Football）秀，每天都有應接不暇的新機會來看，很顯然他們得到了最卓越的點子。

用實際行動接納逆耳忠言

　　我自己都無法相信,我在說真話這章引用了一位惡名昭彰的黑幫騙徒的話,但高蒂(John Gotti)給了這世界一些很好的建議,他說,「你只有在恐懼時才會撒謊。」如果人們因為我們的反應,或可能的負面後果而不敢告知真相,我們的人生中不會有太多說真話的人。如果人們告知真相,但我們不採取行動、不對真相負責,他們就不會再這麼做。如果什麼都不改變,什麼都沒學到,那真話有什麼意義呢?

　　如果你發現自己可能對生活中說真話的人充耳不聞或拒於門外,那就聽從托貝爾(Alexa von Tobel)的指引:「重點並非是否正確,而在於找出正確的答案。」托貝爾作為 LearnVest 創辦人暨執行長,以及 Inspired Capital 的創辦人與管理合夥人,她在一定程度上負責數億美元的投資,以及投資基金中公司的成敗。她相當看重那些會不斷急切地說她錯了的人,會說「那太蠢了。別這麼做」的人。她相信格蘭特(Adam Grant)在自己的電子報中簡要分享的觀點:「**思維碰撞不是關係的蛀蟲,而是學習的特色。**」[3]

　　「我會不遺餘力創造心理安全感,這樣人們就願意告訴我得出正確答案的必要資訊,」托貝爾告訴我。她還和我分享了友人凱利(Mark Kelly)的故事,凱利是亞利桑那州參議員,也是前國會女議員吉福茲(Gabby Giffords)的先生。2011 年,吉福茲在一次公眾活動中被槍擊。當凱利和一組醫生在房間裡,

試圖了解吉福茲的手術選擇時,「凱利把醫生按資歷排序,讓最年輕的醫生先發言,愈資深的排愈後。」他不希望答案、可能性,或真相受到政治或階級的影響。每當托貝爾試著和一群人一起尋找正確答案時,都會謹記這個故事。

主動學習者明白一件非常重要的事:**你說的真話愈多,聽到的真話就愈多**。所以他們自己也成了說真話的人。然而,成為一位好的說真話者是一門藝術。首先要表現出是你為對方的最大利益著想。這需要對他們取得更好成果的能力保持樂觀,並願意一路幫助他們。這樣做會讓聽者進入接受模式,幫助他們繞過大腦的即時防禦,進而看到不同的可能。

尋找真相,要求知道真相,讓人們能安心說出真相,然後告訴你。當你這麼做時,就能以最佳的方式學習成長,你周圍的人也能一同獲益。

向說真話的人學習

- 在你生命中有對你說真話的人嗎?這種人夠多嗎?
- 你能問說真話的人哪些重要問題,這些問題可能改變你對一個目標、一項計畫,或一段關係的看法?
- 是否曾有人告訴你真相,但你並未付諸行動?你能做什麼來顯示你有在聽?

第 5 章
從危機中學習

我最不想做就是 CSE，危機生存專家（crisis survival expert）。但我就是這麼一位，而且是用痛苦的方式得到此頭銜。如果我在這裡分享自己面臨過的每次危機，那本書就沒有篇幅寫其他內容了。

危機是領導與人生中的一部分。當我們認為已經步上軌道，或是認為自己再也無法多處理一件事時，危機就會出現。儘管如此，主動學習者仍會用它來提升自己，不論情況為何。事實上，**我認為危機或失敗比成功更值得我們學習**（雖然從勝利中也能學到許多東西，這是我寫下一章的原因）。我的一些最深刻見解是在最黑暗時刻產生。當一個新危機出現，我會把主動學習的速度提到最高，吸收我能吸收的一切。

每次危機都能教會我們一些獨特的東西，但如果我們願意接納，所有危機都能帶來幾個普遍的啟示。首先，它告訴我們，我們總是有能力度過難關。其次，它教導我們如何在未

來避免類似的危機。第三,它教會我們如何生存,甚至變得更好、更強大,這樣我們就更有能力應對下一個不同的新危機。

如何面對危機

大約在 2016 年,我準備離開百勝餐飲的時候,我正忙著處理生活與工作中的大量變化:我和董事會討論了卸任事宜,我們正在分拆百勝中國作為一家獨立的上市公司,我的妻子溫蒂辛苦應對一型糖尿病帶來的問題(這也是我離開的主因之一),我在想自己接下來要做什麼。

當時我的老朋友庫爾特(Jamie Coulter)問我,是否有興趣幫另一家餐飲公司上市。庫爾特曾是必勝客的大型加盟商,後來創立了孤星牛排館(Lone Star Steakhouse)。我感謝他能想到我,但告訴他我已經打算離開餐飲事業。

「你還在忙什麼?」我問。

「嗯,你絕對不會相信,我剛剛度過乳癌第四期。不久前我做了雙乳切除術。」

我回到家,把這嚇人的消息告訴溫蒂。我甚至沒有意識到男性也會得乳癌,但庫爾特告訴我,這數字可能比我們了解的要高得多。

幾個月後,我在運動時注意到自己的左胸上有個小腫塊,感覺就像一塊鵝卵石。家庭醫生告訴我這只是一個囊腫(我有過其他的),除非它變大,否則不用擔心。但它一直困擾著

我，所以當我從中國出差回來，我決定從癌症外科醫生那邊取得第二意見。醫生看了一眼後告訴我，「這不是乳癌。得乳癌的男性幾乎都超重，而且有其他風險因子。你沒什麼好擔心的。」

「這也許是真的，但我還是擔心，」我說。「我能做什麼來檢查一下嗎？」

他不情願地讓我去做乳房 X 光檢查，結果要進一步做超音波檢查，之後放射科醫生更建議我做切片檢查。「我們現在就做吧，」我說。我想要一個答案。他們將在 24 小時內得到結果。

隔天我收到一封很棒的信，是庫爾特祝賀我事業成功以及我在百勝取得的成就（庫爾特在我寫這本書時不幸去世了）。我一直是個樂觀的人，但這就像個預兆。

我想的沒錯。我得了乳癌。

我相信自己進行癌症治療有個優勢，一個危機生存專家的優勢。除了我自己處理危機的經驗外，還從一些偉大的老師和受教的時刻中學到如何處理危機。當我擔任百事可樂營運長時，威勒普（Craig Weatherup）是公司總裁。1993 年時，有人把針頭放進百事可樂飲料罐裡。這是全國性新聞。威勒普處理這事件的方式，為百事可樂贏得更高的品牌忠誠度。我永遠不會忘記在他準備上國家新聞台前，走進他的辦公室。「威勒普，在你上賴瑞金（Larry King）節目談這件事前，你會做什麼？」

他平靜地看著我說，「我讀我的郵件。」

面對危機,我學會從威勒普的建議開始,然後用一個簡單明確的計畫前進:

- 不要驚慌。
- 獲取真相,面對現實。
- 根據事實做出正確的決定。
- 聚焦在你能控制的,而非你不能控制的部分。

這就是我被診斷出癌症時做的。我首先是不要驚慌,知道我們能處理的比想像得多。我求助於最有名望的專家,尋求多重意見。我選擇醫生的標準是,認為他能幫我達成目標。我研究別人怎麼做來提高存活率。我了解到阿姆斯壯（Lance Armstrong,他雖然有其他缺點,但在戰勝癌症上有許多值得學習之處）在整個治療過程中每天運動兩次,甚至在化療與放療期間也是如此,因此我加以效法。我特別關注自己掌控範圍內最重要的事情,那就是我的態度,我相信這是我多年後癌症仍然沒有復發的一個重要因素。

這不是一本關於從創傷中恢復的書,我也不是心理學家。但當你談到危機與復原力時,不妨記住心理學家塞利格曼（Martin Seligman）關於「習得性無助」（learned helplessness）的三個 P —— 個人化（personalization）、永久化（permanence）與普遍化（pervasiveness）。

假設你因為公司經營不善而失業,個人化可能會讓你說:「如果我之前更努力工作,他們就不會解雇我了。」永久化可

能會讓你想,「我再也找不到比目前這份更讓我熱愛的工作了。」普遍化可能讓你相信,「接下來,我可能會失去我的伴侶。他為什麼要和一位失業的失敗者待在一起呢?」

正如桑德伯格(Sheryl Sandberg)與格蘭特(Adam Grant)在《擁抱B選項》(Option B)中所寫的那樣,她從丈夫早逝中恢復過來,「三個P就像流行歌『一切都棒透了』(Everything Is Awesome)的相反──『一切都糟透了』,你的腦中不斷循環播放著,『這太糟了,都是我的錯。我的整個人生都糟透了。結果總是很糟糕。』」[1]當精神上處於這種狀態時,我們學習的機會有多大?順利度過危機,甚至比之前更好的機會有多大?**只有當我們對未來抱持樂觀態度,並相信自己有能力影響未來時,我們才有辦法學習,然後運用所學來採取行動**。所以我做了該做的事來保持清醒與積極,堅持我的希望與信念。

無論在順境或逆境,這個能力都對我大有助益。在我被診斷出癌症的數年前,我剛擔任百勝餐飲執行長幾週,公司唯一的食品經銷商AmeriServe宣告破產。我們聽到傳言說,它沒有付款給供應商,這是個很大的問題,因為它負責從供應商那邊為我們數千家餐廳提供食物。AmeriServe的領導者向我們保證自己不會破產,而且一直對我們保證,直到它宣告破產前的幾小時。

一直以來,我們的團隊都懷疑AmeriServe會這麼做,但當它真的宣布,公司的股價立即暴跌,我們進退維谷──若不借錢給AmeriServe營運並維持百勝與供應商的關係,我們的餐

廳就得關門大吉。

這個事件帶來兩個深刻的提醒：首先，要倚靠別人，尤其是那些懂得比你多的專家。在百勝餐飲，那就是我們的財務長迪諾（Dave Deno）、法律顧問坎貝爾（Chris Campbell）與營運長路易斯（Aylwin Lewis）。他們為這個巨大複雜的金融危機進行協商，並確保危機沒有消耗整個公司的能量與注意力。

其次，這件事提醒我，當你是危機的源頭時，必須誠實與透明（AmeriServe 沒有做到這一點），遵循下列三個步驟：

1. 誠實地傳達消息。如果你告知真相並讓人們了解情況，人們會原諒你的。
2. 具體解釋你現在要如何處理這個狀況。
3. 列出你要做的事項，確保問題不會再次發生。

採取這三個步驟是主動學習的驅動要素。如果你要講真話，必須先了解真相。如果你要解釋自己如何處理這狀況，就必須學會處理這狀況的最佳方法。如果你打算為將來設計一個更好的流程，就必須學習足夠的知識來建立與佈署這個更好的流程。上述清單可能沒有明說，但應該清楚的是，**你不能試圖推卸責任，指責他人，還冀望從中學到任何有價值的事物**。

這是美國聯合航空執行長穆尼奧斯（Oscar Munoz）在 2017 年必須汲取的一個教訓。當時六十九歲的乘客杜成德（David Dao）醫生，從芝加哥飛往路易斯維爾的 3411 航班上被拖下。當我問穆尼奧斯接下來的失誤時，他說，「這可能是我犯過最

大的錯誤。」

聯合航空的危機處理

　　四位聯合航空員工需要去路易斯維爾為第二天的航班工作。在這種情況下，他們被認為是「必須搭乘」的乘客。機票已經售罄，所以管理人員請自願者改搭其他航班，並提供常見的補貼。沒有人自願放棄，所以他們隨機選了四位乘客，然後宣布這些人必須下飛機。杜成德被選中後，他立即打電話給聯合航空公司，解釋說他一定要回家因為隔天要出診。聯合航空沒有同意。當他拒絕離開飛機時，聯合航空的員工叫了航警。當杜成德仍然抗拒下飛機，航警就使用暴力拖拽，過程中他大聲尖叫，當航警把他從座位拖到走道時，他撞到了頭。這一幕被記錄下來並上傳到推特（Twitter）上（現在是 X），這些驚悚的影片在網路上引起瘋傳。其中一則在一天內被瀏覽 700 萬次。一則在中國微博上爆紅，吸引 4.8 億人觀看（起初以為杜成德是美籍華裔，其實他是美籍越南裔）。

　　穆尼奧斯對我說，「我們（聯合航空）可能是第一家受到這種病毒式推特強烈反彈打擊的全球企業。」（我對他們的經歷感同身受。2007 年，一段老鼠在打烊後跑進紐約肯德基門市的影片在 YouTube 瘋傳，導致我們的業績大跌。）聯合航空遭遇的反彈看起來很合理，連總統川普（Donald Trump）也稱聯合航空對情況的處理非常糟糕。

　　聯合航空的回應讓情況雪上加霜。首先，它試圖解釋並轉

移注意力。該公司指出,是航空警察拖走杜成德,而非聯合航空的員工。但正如穆尼奧斯後來所言,當有人被暴力相向時,細節是無關緊要的。聯合航空甚至想把事件歸咎於杜成德的行為。

在最初的聲明中,公司表示,此航班座位已經超賣,這是一個監管術語與監管問題。因此,它開始用術語「重新安置」(re-accommodated)來處理。「當一個人從飛機上被硬拖下來並遭到毆打時,『重新安置』一詞是個非常差勁的選擇,我相信你同意,世界上其他人也會這麼認為,」穆尼奧斯說。火上澆油的是,聯合航空確實發表了最初的道歉,但對象僅是被「重新安置」的乘客。

在事件更加惡化前,是時候讓穆尼奧斯走到聚光燈下,在國家電視台上解釋情況了。但他得到的指導是繼續轉移焦點。他告訴我,「在半夜的某個時刻,我真的從床上爬起來,雙膝下跪,不完全是向上天禱告,而比較像是尋找某個方向。然後,我想起看著我長大的祖母。她是個了不起的人,從不抱怨,也從不責怪任何人。」穆尼奧斯感到逐漸平靜,但仍然不確定隔天早上要在電視上說什麼,不過他知道自己必須做什麼。

在接受美國廣播公司「早安美國」(Good Morning America)節目採訪時,穆尼奧斯表示自己感到羞愧。他對杜醫師與他的家人及飛機上的其他人道歉。他表示,這種事不會再發生了,然後解釋聯合航空將採取什麼措施來確保事件不再發生。穆尼

奧斯明確地說，杜醫生沒有錯。他回憶，可笑的是，當他說話時，聽到節目製作人與公司員工倒抽了一口氣。他說的不是員工認為他會說的話，也不是製作人預期他會說的話。但穆尼奧斯知道，自己不想花數年時間收回這個推卸責任的故事。

聯合航空隨後啟動了新系統，為乘客提供更好的服務。「我的判斷指標是，全國各地的商學院一開始把它寫成一個負面教材，」穆尼奧斯告訴我。後來這些商業案例變成「做正確的事永遠不嫌晚」的啟示。

主動學習者在危機中會試著做正確的事，因為這能幫助他們發現成長、進步與更多學習的機會。 例如，我們在肯德基的老鼠危機中學到無比強大的害蟲防治流程。無論規模大小，每一次災難背後都有一個機會，能讓你在未來避免同樣的問題，建立更穩固的關係，在世界對你不利時改寫規則，或是發現一個能帶來更大成功的想法。這也是一個決定你立場與價值觀的機會，並且指引你的方向。

讓自己成為解決方案的一部分

潘娜拉麵包（Panera Bread）執行長、百勝餐飲前同事喬杜里（Niren Chaudhary）有個令人印象深刻的危機故事。他在潘娜拉任職一年時，成長前景看好，但突然新冠疫情爆發。潘娜拉業績幾乎在一夕之間掉了50%。喬杜里沒有驚慌失措。相反的，他與領導團隊合作，想辦法擬出解決方案。他們一週內就在上千家餐館設置店外取餐服務。在一個多星期內，他們構

思、開發並實施一項線上雜貨配送服務，為那些困在家裡或不敢去超市的顧客提供生活必需品、烘焙食品、乳製品與新鮮農產品。

喬杜里和我一樣，在面對危機時也擁有 CSE 優勢，這同樣也非他所願。他從女兒艾莎（Aisha）那邊學會成為解決方案一部分的力量。艾莎是個了不起的榜樣，她在出生時患有嚴重的聯合免疫缺陷，而她的姐姐在七個月大時因同樣的疾病去世。艾莎藉由骨髓移植與化療度過最初的幾年，但在十八歲時，進展性肺纖維化奪走了她的生命。艾莎在過世前，花了很多時間分享自己的故事，在會議上發表演說，並寫了一本書來幫助那些有類似創傷經驗的人。（你可以在 Netflix 紀錄片《黑暗中的陽光寶貝》（Black Sunshine Baby）中了解更多關於艾莎的人生、故事與影響。）她把焦點放在如何成為解決方案的一部分，從中找到目標與韌性。這就是喬杜里處理眼前危機的方式。

≈ · ≤

我們都能對季辛吉（Henry Kissinger）的名言深感共鳴：「下週不能出現危機。我的日程表已經排滿了。」[2] 如果我們能把危機安排在自認為有知識、精力與時間來處理它的時候，那就太好了，但危機通常是難以預料的。另一場危機，無論大小，都將不請自來。主動學習者會停下腳步、進行評估，並試著從

過去經歷的災難思考每個見解。他們知道如何利用這些見解來建立自信、韌性、希望與樂觀。

如果你回顧一生，會發現自己確實做到這一點。一路走來，你逐漸了解自己、了解這世界，也學會如何在逆境中求成功。當下一次危機出現時，別忘了利用 CSE 優勢 —— 但希望危機不是下週就出現，我相信你的日程已經排滿了。

從每次危機中學習

想想你在過去一年處理的危機。
- 你做了什麼產生最大的正面影響？
- 你做了什麼最後結果不如人意？
- 明天你能做什麼來避免未來出現類似的問題？或下次類似危機出現時，你會採取什麼不一樣的做法？

第 6 章

關注亮點

2022 年,百勝餐飲集團以領導會議與活動慶祝成立二十五週年。領導團隊邀請我以共同創辦人的身分發言。當我思考自己該說什麼時,我的思緒回到了最初。

1997 年,百事公司餐廳部門連續五年未達預期,華爾街希望公司放棄這部門。於是百事公司就照辦了,把它分拆成獨立的公司,這就是我成為百勝餐飲共同創辦人的過程。有些人懷疑百勝能否獨立存在。雪上加霜的是,我們一開始就和加盟商關係緊張,加盟商背負 50 億美元債務,資產負債表上還有垃圾債券。

這些懷疑是多慮了。當我離開二十年後的 2016 年,百勝餐飲的餐廳數翻了一倍,達到四萬多家。股票價格比我們剛開始時高出十倍。我們在中國的業務如此強大,大到可以作為單獨的上市公司分拆出來。

我認為我的演講應該聚焦在我們是如何做到的。對我來說,

答案很簡單：我們從勝利中學習，並表揚那些促成勝利的人。

效法成功實務

即使一開始處境艱難，我知道我們擁有建立一個經得起時間考驗王朝所需的一切：巨大的市場佔有率、領導人才、在全球都有大量據點。但如果我們不能取得成績，這一切都沒有意義。百事公司想放棄這些餐廳，就是因為它們沒有獲得應有成果。五年來，這些餐廳一直沒能達成預期。我們董事會成員、高盛的傳奇副董事長溫伯格（John Weinberg）堅定了我的想法。他告訴我，優秀的公司每年都會取得出色的成績。當公司實現持續成長，股價就會一路飆升。這讓我突然有個想法：我們需要向那些歷史悠久的偉大公司與自己持續表現卓越的餐廳學習。

我帶著夥伴委員會──公司每個部門的總裁與營運長及我的直接下屬，總共十四個人，參觀一些歷史悠久的成功企業，包括奇異（GE，當時如一架火箭）、沃爾瑪（Walmart）、家得寶（Home Depot）、西南航空與目標百貨（Target）。藉由讓夥伴參與進來，我知道我們都在此行獲得新的想法。我也知道，當有更多人尋找獲勝的方式，意味著我們將得到最棒的點子。

考察最佳實務是項常見、有時可能感覺像毫無意義的參觀體驗，但對我們而言，這些行程有很大的啟發作用。我們目睹

其他領導者的行動。蘭格恩（Ken Langone）是家得寶的共同創辦人，也是幫助公司上市的投資銀行家。我們見到他的時候，他正在門市的停車場收拾購物車，並把購物車推回商店門口，因為這是家得寶希望每位員工都做的事，無論職位有多高。當我們和他一起走入門市時，一位有發展障礙的同事跑到蘭格恩面前，問他是否能看看自己剛完成的了不起的事。蘭格恩為了聽這位員工分享，讓我們在旁邊站了十分鐘。在此我們了解到，勝利代表著能對整個組織發出信號的微小行動，顯示你用照顧員工的方式來經營企業。

在最佳實踐參訪結束後，夥伴委員會回到阿迪朗達克（Adirondacks）分享自己所學，並將其應用在公司上。仔細分析後發現，我們都欣賞這些公司的五個重要特點，我們稱之為百勝餐飲王朝推動力：

- 重視「每個人都重要」的文化
- 盡全力爭取顧客與業績
- 用差異化獲得競爭優勢
- 維持人員一致與流程連貫
- 持續進行業績的年度增減比較

接下來，我們考察了公司內部表現最好的餐廳，看看它們有什麼共同點。所有這些從勝利中學習的行動，孕育出「我們如何一同合作」原則（How We Work Together），之後演進為「我們如何一同獲勝」（How We Win Together）：

- **以顧客為中心**。在成功的餐廳裡，團隊成員總是聆聽並回應他們的顧客。
- **對員工有信心**。我們希望所有團隊成員都明白自己的貢獻受到重視。
- **認可與表揚**。我們希望每次有機會就獎勵並表揚這些貢獻，同時享受其中的樂趣。
- **指導與支持**。所有領導者都不能只是老闆，還要致力於讓下屬成功。
- **問責機制**。因為結果很重要。
- **追求卓越**。所有成功都來自於以完成出色工作為榮。
- **正能量**。當你走進一個顧客愉快、團隊表現優秀的地方，就能感受到正能量。
- **團隊合作**。我們攜手合作促成勝利。

我相信這種對勝利的關注，與從勝利中學習的心態，是我們持續成功的最大因素之一。我們更積極去慶祝勝利，而非懲罰失敗。我們傳播成功的做法，衡量競爭對手如何獲勝。我們月復一月，年復一年的堅持這麼做。溫伯格曾告訴我們要力爭每股收益每年成長 10%──我們連續十三年實現了 13% 的成長。到了成立第二十五年，百勝餐飲已經打破自己與產業的新開店紀錄。

主動學習者每天都遵循這模式。**他們盡力從別人的勝利中學習，從那些擁有自己不懂知識的人與團隊中學習。他們也不**

會錯過從自己勝利中學習的機會。

研究贏家做法

　　研究贏家能賦予你創造影響力的要訣。問一百位商管書讀者自己最愛哪本，我敢打賭七十個人會選柯林斯（Jim Collins）的《從 A 到 A+》（Good to Great）。為什麼？因為這是高度濃縮的主動學習法。柯林斯研究贏家，然後把這些贏家如何獲勝的知識提煉成可行的見解。（我們將在下一章討論從失敗中學習，這也很重要，同時也是柯林斯後來著作《為什麼 A+ 巨人也會倒下》（How the Mighty Fall）的來源。）

　　令人驚訝的是，有些人並不努力研究贏家。或許這麼做意味著承認別人勝過自己。他們可能不得不面對自己並非無所不知的現實。主動學習者抗拒這樣的想法，因為他們知道這只會導致平庸。

　　例如，在我擔任百勝餐飲執行長早期，我仔細研究了公司的同店業績，它以尚可的 2% 到 3% 速度成長。但麥當勞的業績成長率是 5% 到 7%。我們做的不錯，但麥當勞明顯贏了。我知道百勝可以做得更好，但這也代表我們必須了解麥當勞是如何獲勝。我們能從它的成功找到關鍵的想法或策略嗎？我為世界各地的高階團隊發起一個全球麥當勞沉浸日。每個團隊都花一整天的時間參觀麥當勞門市，去觀察、分析與收集想法。我們讓各個團隊自己得出麥當勞如何獲勝的結論。

每個團隊都分享了觀察與想法,從大量的見解中,我們了解到自己需要改進什麼。我們的團隊還沒起床,麥當勞就已經為大批顧客準備好早餐。而且很多門市都是 24 小時營業。它從早到晚在賣咖啡,這是個利潤很高的生意(做一杯咖啡的成本不高)。它還提供吸引顧客進門的 0.99 美元超值菜單,大幅提高了顧客量。它的甜點生意也表現亮眼。

百勝餐飲的餐廳幾乎不存在咖啡與甜點,很少提供早餐,而且幾乎所有餐點的價格都在 1 美元以上。因此我們著手攻克這些薄弱環節,實施銷售層策略。我們推出肯德基輕食(KFC Snacker)等創意,這是一項簡單平價的雞肉三明治,一推出就大受歡迎。我們營業到更晚,想出塔可鐘創新的第四餐宵夜業務,並推出塔可鐘絕佳早餐菜單。結果是,隨著時間拉長,成長大幅改善。

我們運用這個成功學到了更多。我們可以從其他贏家身上學到許多東西,但從自己的勝利中學習會更有力量。我在最後一章寫道,我從艱難時光中學到的事物比從快樂時光中學得要多,這是真的,但兩者差距不大。挑戰在於,從失敗中汲取教訓似乎更容易。教訓更為顯而易見。從勝利中學習需要更多努力與專注,因為當我們贏的時候,很容易假設自己會一直贏下去。當達成一個大目標,很容易想著「搞定了」後,就往下一個新的目標前進。

跟隨亮點走向勝利

　　心理學家希思（Chip Heath）在《改變，好容易》（Switch）中指出，我們更有可能把分析的重點放在問題與失敗上，而非成功上。但是當我們發現一個亮點，一個看似不尋常的成功，並試圖理解它時，一些最大、最好的改變就會出現。跟隨亮點走向勝利，比在一個又一個問題中掙扎更讓人有動力。而且亮點往往會進一步揭示如何解決阻礙我們前進的問題。

　　獲得勝利後，主動學習者在繼續前行之前，必然會進行回顧。他們會分析與評估。是什麼造成影響？他們在前進的道路上克服了哪些障礙，又是如何克服的？他們對自己與周圍的人有什麼了解？他們尋找的是亮點──對過程、紀律的洞察，以及可資利用的創新時刻啟示。他們會運用自己的發現，讓下一次勝利更容易、更可能實現，或是更盛大。主動學習者一直這麼做。偉大的美式足球教練隆巴迪（Vince Lombardi）說得很明白，「勝利是一種習慣。」

　　一項你可以從勝利中學到最好的事物，與你從危機中學到的沒有太大差異，那就是，你做得到。傳奇 NFL 四分衛布雷迪（Tom Brady）在我們的 Podcast 中告訴我，「在我的職業生涯中，我永遠不會參加一場認為我們贏不了的比賽。這不是一種盲目的自信，而是真正的信心。」他描述了自己帶領愛國者隊（Patriots）對陣亞特蘭大獵鷹隊（Atlanta Falcons），在超級盃造就歷史上最大逆轉中學到的啟示。在第三節幾乎過半的時

候，愛國者隊以 28 比 3 落後。

當諾瑟沃斯（John Noseworthy）成為梅約診所（Mayo Clinic）的執行長時，大蕭條與較低的報銷額正讓醫療保健系統陷入赤字。「說實話，因為利潤太微薄，我們無法繼續投資研究與教育，」他告訴我。

他看到的解決方案是重組，這樣梅約診所可以更有效率地運作，同時也幫助醫生更深入了解醫療業務，特別是他們的決定如何影響診所盈虧。

這不是一個受歡迎的想法，尤其是那些長期任職的醫生與梅約的領導者，格外擔憂照護文化與對病人的關注被影響。在一次會議上，諾瑟沃斯的一位朋友（也是長達十五年的同事）甚至站起來說，「你會毀了梅約診所。」

但他相信，這麼做可以幫助醫生更妥善地選擇在哪裡花錢，以提供最高品質的照護。諾瑟沃斯相信這一點，因為以前就重組過。梅約診所過去也曾面臨困難時期，正是因為按照他的建議去做才取得成功。當諾瑟沃斯被指控會毀了組織時，他就是如此回應。「我說，『不，絕對不會。』我們在大蕭條時期就這麼做，爾後奏效了。我們在第二次世界大戰時期這麼做也成功了。我們現在也要開始這麼做，重組勢必會成功，也真的成功了。」梅約診所在經濟困難時期依舊持續營業，但更重要的是，它提高了醫療照護的品質。

追求勝利的喜悅

當你身處困境，或為實現目標苦苦掙扎時，很難維持動力與靈感。保持開放心態十分困難。恐懼會讓人不堪負荷。有人說，對失敗的恐懼是促進成功的動力。我認為這遠遠不夠，你需要追求勝利的喜悅。瓦利安特（Gio Valiante）的《無畏高爾夫》（Fearless Golf，暫譯）一書完美總結了我的經歷：當你被害怕失敗掌控時，往往就開始走向失敗。從恐懼與自尊的角度出發會限制你。它限制你的思考，讓你學習、成長與改善的能力下降。一旦你聚焦在失敗，或著可能會怎麼失敗時，你就會失敗。**如果你相信自己有能力獲勝，聚焦在目前能做什麼來贏得勝利時，你就掌握了主動權。**因為你在向各種可能性、你能學到的經驗，與能利用的知識敞開心扉。

在閱讀《無畏高爾夫》前不久，我在一個高難度的高爾夫球場達成一個重大目標：我打出了等同我年齡（68）的桿數，低於標準桿四桿的成績。我開心極了，很快就把這個消息傳給幾乎所有朋友，然後沒多久，我打出有生以來最差勁的一桿。讀完這本書後，我意識到自己是在打基於恐懼、被自尊驅動的高爾夫。我很擔心如果無法維持這麼好的表現，或輸給一個沒有我強壯，或比我還年長五歲的人時，別人會怎麼想。我必須重新感受勝利的喜悅與對比賽的熱愛，才能克服這心態，重新專注於精益求精，或如何在每次揮桿上不斷進步。一年後，我再次打出了等同我年齡的──69桿。

當你花時間思考自己走了多遠,以及取得的一系列勝利時,是在提醒自己,你有能力、可以相信自己的直覺,以及你與團隊在過去經驗學到的東西。只要繼續前進,你很快就能學到產生重大影響力的事物。

當我們贏得勝利,會感受到箇中的喜悅、興奮,尤其當我們停下來慶祝與陶醉在這些歡樂中時,感受更為強烈。勝利的喜悅能激勵我們進行下一次冒險,並讓我們敞開心胸接納它給予的啟示。

從勝利中學習

- 哪些人或組織正在完成你想要完成的事情?你是否深入分析過他們如何做到?
- 選擇一個你在過去幾年取得的重大勝利,然後回答這個問題:是什麼促使你成功?
- 列出你最重大的幾項成就或最鼓舞人心的勝利亮點。當你想重新了解各種可能性,或是需要增強信心或動力時,就把它拿出來。

第 7 章
失敗也能有收穫

我四十歲的時候擔任百事公司飲料部門的行銷長,當時發生了一件大事:可樂正在被我們所謂的「替代飲料」取代。像是思樂寶(Snapple)與加味水等飲料很受歡迎,部分是因為人們關注更健康的生活方式。透明飲料是最熱門的新市場區隔。當時一切透明的都很流行,行銷人員甚至把這時代稱為「透明熱」(Clear Craze)。

透明飲料受到廣大歡迎,所以我想,「為什麼我們不能做一款透明百事可樂?」(我是模式思考的忠實信徒,你將在第二篇有進一步的了解。但這並非永遠都是萬靈丹。)

我認為「透明百事可樂」,我們稱之為水晶百事可樂(Crystal Pepsi),是我有過最偉大的想法。我以為它會成為我的事業催化劑。

早期的跡象絲毫沒有澆熄我的熱情,焦點小組也喜歡它。這是一個世界最知名品牌的新穎想法。水晶百事可樂出現在

我們測試市場第一天，吸引了 CBS 晚間新聞與主播拉瑟（Dan Rather）的報導。人們開始把一箱箱水晶百事可樂送到國內一些還買不到的地方，就像他們對庫爾斯啤酒（Coors beer）所做的一般。這是件大事，正在成為一種文化現象，我認為自己是創造突破性產品的天才。我想像百事可樂業績與利潤都將創下紀錄。我是透明熱的佈道者，準備將這項產品推向全國。

但正如偉大的資深播音員哈維（Paul Harvey）講出的台詞，「接下來⋯⋯是故事的後半段。」

透明可樂，創意跌跤的教訓

在測試市場發表前，我就發現可能問題的第一個線索，然而當時我仍被熱情所蒙蔽。我需要得到百事公司創辦人肯德爾（Don Kendall）的許可，才能推出一款以百事可樂為名的新產品。肯德爾是個直言不諱的人。當我說明這個想法時，他只是說：「我不喜歡，但如果你喜歡⋯⋯」

接下來是來自百事可樂裝瓶協會董事會成員不合我意的回饋。他們告訴我，這是個好主意，但有個關鍵的缺點：它喝起來不夠像百事可樂。我說，「嗯，它喝起來不應該跟百事可樂一模一樣，因為它應該是味道更淡的淡可樂。」

「是的，」他們說，「但你叫它百事可樂。」我用我們市場調查得出的更多事實來反駁，然後繼續努力遊說，爭取即時把它推向市場，參加一個超級盃的大型廣告活動。順道一提，為

潛在的失敗增加時間壓力，往往讓結果更難改變。

懷疑者是對的。儘管一開始大肆宣傳，但隨著新鮮感消退，水晶百事可樂很快就乏人問津。它喝起來不夠像百事可樂，急於在全國鋪貨更產生品質問題。

我們一敗塗地。「週六夜現場」（Saturday Night Live）用一個叫「水晶肉汁」（Crystal Gravy）的短片諷刺了我們。

我感覺「還記得水晶百事可樂嗎？」這問句已經成為一則一句話的警世故事。我們將水晶百事可樂撤下市場十多年後，《時代》雜誌將其列入「本世紀最糟的一百個點子」名單，與充氫飛艇、通靈熱線與噴霧髮（spray-on hair）並列。

那是一段折磨的時光。我記得我一邊走過大廳，一邊想著人們好奇我怎麼還沒丟了工作，或是竊竊私語說我待不了多久。但經歷一切，我學到兩個永生難忘的教訓。

第一，當有經驗的人和你分享他們的觀點時，務必傾聽。我非常確信自己發掘出百事可樂下一個轟動產品，所以任何人告訴我放慢速度評估，我都沒有聽。我沒有像自己應該的那樣學習。直到今日，我都後悔當時沒有傾聽，我想如果我這麼做，我們本來可以解決核心問題，水晶百事可樂也能成功（第二篇有更多關於傾聽的內容）。

第二個教訓：為那些明白你如果不冒險、有時甚至會失敗，就無法成長與創新的人或組織工作。這就是主動學習者的心態（與文化）。百事公司重視創新，知道有時候冒險是沒有回報的。（裝瓶商以高價出售水晶百事可樂也有幫助，因為他

們知道,一旦新鮮感消退,人們就不再回購。最後他們賺到了錢,水晶百事可樂短暫的流行也協助百事可樂實現當年的目標。)

面對失敗的成長心態

不幸的是,雖然冒險會帶來絕佳的學習機會,但對失敗的恐懼會阻止我們冒險。如果這感覺很熟悉,容我提醒你,許多沒有按計畫進行的事情,最終結果比你想像的更好。即使結果不如人意,你一路學到的東西也比諸事順利的時候要多得多。杜維克(Carol Dweck)是研究如何保持樂於學習態度與培養成長心態的最偉大權威之一,她一開始不相信失敗是件好事。「你要麼聰明,要麼不聰明,」她在暢銷書《心態致勝》(Mindset)中寫道,「失敗意味著你不聰明。事情就是這麼簡單。如果你能安排成功並避免失敗(不惜一切代價),就能保持聰明。」[1] 但她也想了解人們在失敗中如何應對。所以在杜維克的研究中,她會給孩子簡單與困難的謎題,然後研究他們的反應。最大的驚喜,也是她人生與事業的轉折時刻,是她意識到孩子是多喜歡這些困難的題目,他們是如何不斷嘗試,以及他們對這經驗的看法。孩子不僅不會因為失敗氣餒,「他們甚至不認為自己失敗,他們覺得自己在學習。」你現在閱讀的這本書,是關於把我們經歷、思考與執行的一切轉為學習,而這些孩子早就明白這道理。

要從失敗中學習，我們首先得願意失敗。我們必須戰勝恐懼、承擔風險、接納結果，然後精準衡量成長與改進的機會。Adobe 系統執行長納拉延（Shantanu Narayen）就是這原則的堅定信仰者。許多執行長在 Podcast 上都只想談論自己的成功，只有納拉延毫不猶豫分享了他失敗的產品創意，甚至他早期創辦的一家沒有成功的企業。「我們也要表揚那些或許在商業上不成功的產品，」他告訴我，「這些產品可能在商業上遭遇挫折，但從中汲取的經驗正讓我們能開發出另一款產品……我們應該讚美那些採取主動、嘗試去做的人。」納拉延甚至不喜歡用「失敗」一詞，因為他把焦點放在從經驗中學習。

　　這就是從失敗中學習的精髓：**你無法改變過去，所以不應該為此自責。但你可以改變從那裡前進的方式。**

　　從失敗中學習的第一步，是要有成長的心態，想想如果我們把失誤看成失敗的標誌，怎麼會承認自己有責任呢？主動學習者不怕擔負起責任，因為他們知道這會帶來成長。企業文化大師孫恩（Larry Senn）曾幫助我在百勝餐飲培養與推廣文化，他藉由問責練習來進行。

失敗推動成功

　　首先設想一個進展不順利的情況，列出所有你被別人搞砸的方式。然後拋開這想法，相反的，讓自己承擔所有責任。問問自己，「如果我做了什麼不同的事，可能會有不一樣的結果？」

這裡有個例子，大約 50% 的小型零售新創公司倒閉，大約 80% 的精品服裝店失敗。那麼精品首飾商斯考特（Kendra Scott）是怎麼做到如此成功？透過研究她第一間精品店失敗的原因。斯考特在十九歲時成立「帽盒」（Hat Box）出售男帽與女帽，但她期待的帽子熱潮從未出現。五年後，公司倒閉了，她精疲力竭，還破產了。雪上加霜的是，她的繼父在大約同個時間不幸死於腦癌，斯考特告訴我，她覺得自己讓繼父和整個家庭失望。她感覺自己徹底失敗。

　　斯考特在帽子店也出售自己設計製作的首飾。她會用首飾填滿幾個架子，往往一天內就全部售罄。但她沒有注意到這個成功。她被帽子的點子蒙蔽了雙眼，這是斯考特版本的水晶百事可樂，她最初並未看到首飾的潛力。當她再也沒法把焦點放在帽子上，意識到自己仍收到洽詢首飾的電話，終於明白或許首飾這生意有前景。如今，首飾生意的價值已遠遠超過 10 億美元。

　　失敗推動了成功。最終，斯考特把失敗當做自己的一部分，而不是被失敗麻痺，她了解零售業失敗的方式以及如何加以避免。她學會注意機會的跡象，而不是盲目追隨一個想法到最後一刻。

接受所有的不⋯⋯

　　安德森（Erika Andersen）在她的名著《搶先成功要訣》（Be Bad First）中提到精通的概念，這是主動學習者努力追求的目

標。想要更快獲得技能與知識,就必須培養「接受不舒適與不安定的能力,這是學習新事物不可避免的一部分。有時候,這包括接受失敗,但更多時候,這只意味著學會接受緩慢、笨拙、對事情不清楚、必須問尷尬問題 —— 也就是說,在變好之前,先學會接受不夠好。」[2]

奧運滑冰金牌得主漢彌爾頓(Scott Hamilton)和我分享一個他兒子團隊在冰球比賽慘敗的故事。當時他兒子從冰上走下來,既沮喪又生氣。

漢彌爾頓說,「我們來分析一下。今天發生什麼事?」「嗯,他們只是滑得比我快,」兒子說。「那代表什麼?」

「我必須更努力練習滑冰。」「好的,很好。還有什麼?」

「每次我拿到球,他們就把球截走。」「你從中學到什麼?」

「我得更努力加強運用球棍的能力。」然後他兒子說,「我只是不喜歡輸。」

「好吧,假設你今天贏了。你會學到什麼?」他兒子停頓了一下說,「什麼都不會學到。」

嗯,我們之前說過,你可以從勝利中學習,但我理解漢彌爾頓的意思。「我推崇失敗,」他告訴我。「**失敗是百分之百的資訊,全都是資訊**。如果我們能把它拆解成資訊,而非必須帶著度過餘生的可怕、有毒、傷痕累累、醜陋的身分,我們就能走向卓越,或是成為最好的自己。我至少在冰上摔過 4 萬 1600 次。但跌倒站起來 4 萬 1600 次,能讓你明白學習的過程、成

長的過程，以及達到目標的過程。」

我很高興自己在跌倒這麼多次後還能爬起來。但遺憾的是，我花太長時間才明白為什麼我一直跌倒，特別在堅信自己想法正確上更是如此。直到我和孫恩做了另一個簡單的練習，才真正擺脫這個問題。他分享以下這段話，並讓在場的領導者數數看有多少個 F：

THE MOST EFFECTIVE OF ALL HUMAN FEARS WHICH PREVENT THE DEVELOPMENT OF FULL POTENTIAL ARE THE FEAR OF FAILURE AND THE FEAR OF SUCCESS IT IS A THIEF OF INNOVATION AND OF SATISFACTION.

（對失敗的恐懼與對成功的恐懼，是人類恐懼中最威力強大的一種，它讓潛能無法充分發揮，奪走了創新與滿足。）

一開始，我數了九個 F，我可以告訴你這是錯誤的答案。*然而，錯誤對我來說，並不像「我堅信自己是對的」那樣能說明問題。孫恩問我要賭多大，我說，「一個牧場。」

熱情加上好勝心讓我執著自己的觀點，無法考慮其他人的想法。這不是糾正一次就能一勞永逸的事。主動學習者並不完美，而是必須努力改善學習行為的平凡人。

在水晶百事可樂事件幾年後，當我決定離開百勝餐飲

---

* 正確答案是 15，我漏掉這麼多 F 的原因是，我和大多數人一樣，忽略了 of 中的 F，因為這些 F 發音為 V，而且出現在最短單詞的末尾。

時,我再次犯下相同的錯誤。2016 年,我認為克里德(Greg Creed)是執行長的最佳接班人。我決定擔任執行主席,就像沃爾瑪的沃爾頓(Sam Walton)、聯邦快遞的史密斯(Fred Smith)等眾多公司創辦人一樣。我想像著扮演當年皮爾森擔綱的顧問夥伴角色,當時他是百勝餐飲的董事長,我是總裁。我們一起指引公司度過交接,最後我會逐漸淡出。

我寫了一本書名為《帶誰都能帶到心坎裡》(Taking People with You),但不知為什麼,在這個例子裡,我沒這麼做。我只告訴董事會我的計畫。我沒有和他們開會解釋自己的想法,沒有詳細說明我要扮演的角色,沒有向他們保證我不會瓜分克里德的職權,也沒有解釋我認為可行的時間表。

我什麼都沒做,只是假定他們會同意,然後讓我自己理出頭緒。畢竟就我看來,我協助建立這家偉大的公司,所有人都應該看得出來,我仍以公司最大利益為優先。我取得的巨大成功給了我一種、我在其他人身上不喜歡的權力感。我沒有設身處地為所有董事會成員著想。

更換執行長是董事會能做出最重要的決定之一,無論公司經營得多好,無論即將離任的執行長有多成功,這件事都需要謹慎處理。

在我們第一次關於交接的會議上,很顯然,一些董事會成員認為我應該立即離開,部分原因是他們在擔任執行長時就是這麼做。從那時起,情況日益嚴峻。我覺得遭到一些人背叛,因為他們總是繞過我。最後,我只短暫擔任執行主席一職,而

且在位情況不是我所希望的。在這家我創立並投入大部分職業生涯的公司,我不想用這個方式告別。

多年後我回首這段往事,可以說董事會在一些事情上處理得很糟,但我對問題也同樣負有責任,或許責任更大。

這次經驗沒有改變我對百勝餐飲的感覺,像是和我共事的人,包括董事會成員,或是我在那裡取得的成就。回顧這段經歷,我對我們建立的公司、教導成員的領導力,以及對全球員工生活與職業的影響感到自豪。我的離開只是一段非常正面經歷的小波折罷了。

我學到的是,當你採納學習的觀點,就會這樣看待失敗。

∽ · ∾

如果你想在人生與事業中發揮最大潛力,你必須願意承擔可能導致失敗的風險,必須誠實分析這些失敗,從每次失敗中汲取盡可能多的教訓。然後,你得找到一個方法來不斷提醒自己過去學到的教訓,以確保不要重蹈覆轍。從失敗中學習並非最有趣的學習方式,但正如馬克吐溫(Mark Twain)所說,你會學到其他方式學不到的東西。

從失敗中學習

- 你上一次審視自己在失敗中擔負的責任是什麼時候？如果想不起來，就說明你應該進入下個問題。
- 你上一次冒著可能導致失敗的風險，並從中學到更多東西是什麼時候？
- 你從失敗中學到什麼能轉換成比最初目標還大的成功或成就？

Part Two
保持開放好奇心態

人類的心靈時不時會被新的想法或感覺延展,而且永遠不會回復到原來的狀態。
—— 哈佛醫學院教授,老霍姆斯(Oliver Wendell Holmes Sr.)

第 8 章

每個賞鳥者都知道的事

在我成為百事飲料部門的營運長後不久,我開始巡訪我們的工廠。我造訪了百事可樂在巴爾的摩的裝瓶廠。它位於鎮上一個治安不佳的地區,是我們績效最差的工廠之一。我知道這將是了解公司重大營運挑戰的一個最佳場所。

當我抵達時,我被百事可樂標誌上的彈孔與建築物上的塗鴉震驚,但這些都只是美觀問題。真正的問題在大樓內部。

這間工廠每箱賺的錢,比我們任何一家裝瓶廠都少。當我們試圖解決管理議題時,領導階層的問題變得很明顯。他們抱怨、互相指責。沒有人想要探究並解決真正的問題。

因此我和銷售與製造團隊會面,直截了當問他們,「工廠哪些地方運作順暢,哪些地方需要改善?」

他們回答,「全部都是問題,沒有一點順暢。」他們不習慣高階主管詢問自己意見,但當我鼓勵他們說明然後閉上嘴時,他們有很多話要說,整整說了兩個小時。「卡車要花一百

年才能離開這裡。」「飲料機工人沒法得到他們需要的設備。」「工廠髒的要命。」

這是一次真正的不滿宣洩（很顯然，領導者創造了一種抱怨文化，而非主動學習的文化）。但我一直認真傾聽。同時我也看到問題，但是克制了插話的衝動，因為在他們的抱怨裡有許多好點子。他們說得愈久，我聽得愈久，就有愈多想法浮現。

最後，一個人說，「好吧，你看起來不像壞人。你打算怎麼做呢？」

「我打算什麼都不做，」我說。他們看著我，像是我瘋了一樣。「你們比任何人都了解問題，應該知道解決問題的最好辦法。」然後我邀請工廠經理加入我們，之前我刻意不邀他加入會議。

「這些人有許多好主意，」我說，「我希望你與他們合作。我會在六個月後回來檢視進度。當我回來時，希望看到所有現在這群人回到這間會議室。」

我回來那天，工人們幾乎是從前門蜂擁而出迎接我。他們迫不及待向我展示他們做的所有改進，尤其是讓卡車裝載過程更有效率所做的改變。這個地方並不完美，但比之前好多了。他們為自己完成的事項、解決的問題、執行的想法感到自豪，我也為他們感到自豪。

這一切能發生，都是因為我願意傾聽（並說服工廠經理與他們合作）。

傾聽的力量

每年都有一個人或一個組織獲得「年度傾聽者獎」(Listener of the Year Award)。這是一個由國際傾聽協會(真的有這協會)頒發的真實獎項,頒給那些「體現有效傾聽最高標準與原則」的人。2011 年,獲獎人是克萊恩(Nancy Kline)。經過數十年對如何改善思考的研究,她確認我們每個人都能做兩件事來創造一個讓思考更卓越的環境:用最專注的傾聽給人充分的關注,當這麼做還不夠時,可以提出犀利的問題。(將在下一章詳細介紹。)

克萊恩很幸運,她在成長過程中體驗了母親非凡的傾聽技巧,這可能是她成為獲獎傾聽者的原因。她在《思考的時刻》(Time to Think,暫譯)一書中這樣描述:

> 傾聽點亮人們的心靈。「我母親的傾聽與眾不同。她的關注讓人感到備受重視,她的表情讓人鼓舞,在她面前你感覺自己思路清晰,突然明白過去的困惑,還能發現令人驚奇的全新想法。你在乏味的地方找到興奮的事物。你面對困難,解決問題,再次感到心情愉悅……她只是給予關注,但這關注的品質具有催化作用。」[1]

如果你覺得我幾乎每一章都有寫到關於傾聽的內容,確實如此。你可以預期在接下來章節讀到更多。**傾聽的力量**無法在

單一章節描述完整，這是**主動學習全部的核心**。在本章中，我只想強調兩件所有主動學習者都知道的事：

- **如果不傾聽，你就無法學習。**
- **傾聽會產生更清晰的思維、更優秀的想法與更強大的行動力，這將大幅擴展我們的成就。**

這世界上許多偉大的想法都被困在人們的腦海裡，因為沒有人花時間、空間或精力，去真正聆聽他們的想法。當人們鼓起勇氣分享自己的想法、熱情與見解時，你至少可以傾聽。更好的是，用心地傾聽。

孫恩教我一個傾聽的基本原則：專注當下。

我們沒有好好傾聽，通常是因為我們的意識游離到其他地方。我們的心思不斷在過去與未來間徘徊。我們想著下一次的會議、一次不愉快的談話、一個解決別人問題的點子，或是我們一直還沒透露的聰明回覆。當別人對我們說話，我們通常會思考接下來要說什麼，而不是待在那裡只是聽──亦即，在決定如何回應前，給他們充分探究與分享想法的空間。當你全神貫注聆聽對方說話，不只能提升自己的思考，也能改善對方的思維。

我們的內在自我也會阻礙良好聆聽。有時候，我們只是不喜歡別人說的話，害怕自己可能不得不根據聽到的內容做出改變，或是我們認為自己早就知道他們要分享什麼。你從上一章會知道，我最廣為人知的失敗就是因為傾聽不足，否則這些想

法能更強大,甚至更成功。**傲慢導致耳聾,當你獲得一些成功時,最容易陷入的陷阱之一就是忘記傾聽。**

用心才能聽見

美國運通前執行長切諾特(Ken Chenault)以一種不那麼容易的方式學到這一課。他告訴我,在他三十五歲上下時,認為自己是個積極進取、專注績效的領導者,同時也是個尊重他人的好人。但在一次績效評估中,他的團隊回饋顯示並非如此:你不善於傾聽。

他無法接受這些回饋,心想「我對大家都很友善。」所幸,他的團隊成員用大量的事實來反駁。他們告訴切諾特,「如果你覺得某人說的內容沒有太大影響力,你就會走神。事實上,我們給了個專門的稱號『切諾特專注區』(Ken Zone)⋯⋯你只給我們兩分鐘。如果我們說的內容不在你的議程上,或是你覺得不夠聰明,你就會登出專注區。」他非常震驚,因為這是無可迴避的事實。人們覺得不被尊重與受到輕視,他也錯過了重要的想法。切諾特意識到,這對於作為成功領導者有負面的影響,於是專心去改進。

三個月後,他回去尋求更多回饋,希望有很大進步。但對他的評論並未如此顯示。不良傾聽者的問題在於,傾聽是兩個人的事。切諾特必須改變自己的行為,同時還要扭轉別人的成見,這需要時間。他持續努力改進。最後,大約五年後,一位和他共事的人說,「切諾特,你最了不起的一點就是,你是個

絕佳的傾聽者。」切諾特說，「讓我跟你講個故事⋯⋯」

就如切諾特，我一直以為自己是個良好的傾聽者，但我也曾落入同樣的陷阱。當我還在百勝餐飲，我們建立了Lead2Feed計畫。參與計畫的初中生與高中生會組成專案小組，協助解決社區的飢餓問題，同時學習重要的領導技能。當我離開百勝餐飲，公司終止了此計畫，這情況時常發生在新領導者有自己創造正面影響的新想法時。我想讓Lead2Feed繼續下去，並讓它更成功，所以改善生活諾瓦克家族基金會把計畫接了下來。

雖然Lead2Feed已有基礎架構，我知道我們有改進的機會。我們開始聽取全國各地老師與學生的意見，他們可以告訴我們什麼有效，什麼無效。幾年後，教師諮詢委員會提出一個顧慮：這個名稱太侷限了。他們與學生在社區裡看到很多機會，能在解決飢餓問題外，產生更多積極影響。他們建議改名為Lead4Change，並解釋說這樣會有更多孩子感興趣，也會有更多社區的人參與進來。

我沒聽進去，事實上，我把耳朵關了起來。「我們花了多年時間打造一個偉大的品牌，」我說。「如果把這品牌拋棄，就太瘋狂了。」所幸，我們表現出對他們誠實意見的重視，所以他們繼續鼓吹這想法。最後我意識到，我是被自尊驅動的內在聲音說服自己是對的。於是，我選擇真正用心去傾聽，然後發現他們才是正確的。改名幫助這計畫發展壯大，並在前十年嘉惠了200多萬名學生。

我們應該從賞鳥人士那裡獲得靈感，他們除了聽之外，通常不會使用其他感官。他們發展出區分音符與節奏細微差別的能力。他們用「聽」來知悉自己要找什麼，而非反過來操作。**主動學習者也是這麼做，他們避免根據自以為知道的事，來假設他們將聽到什麼。**

普華永道（PwC）董事長瑞安（Tim Ryan）曾與我分享一項意義深遠的見解：「我們常常把勇氣與登山及高聲發言連在一起。有時候，勇氣就是願意傾聽。」這在他的經歷中無疑是正確的。2016 年 7 月 5 日，瑞安擔任董事長暨資深合夥人的第一天，斯特林（Alton Sterling）在德州達拉斯被警察按倒在地並被槍殺。隔天晚上，警察在交通臨檢時槍殺了卡斯蒂爾（Philando Castile）。事件之後的一個晚上，在「黑人的命也是命」（Black Lives Matter）抗議活動中，強森（Micah Xavier Johnson）開槍打死了五名警察，並讓七個人受傷。

這個國家正在發生一些瑞安必須正視的事。他召集了領導團隊，寫了一封電子郵件，內容很簡單：他知道人們很擔憂也很受傷。在接下來幾天，數百人回應了這封信，但對瑞安來說，最顯眼是這封：「我週五早上來上班時，周圍沉默得震耳欲聾。」瑞安突然意識到，在普華永道，人們不願討論種族問題。儘管他們多年來一直致力於多元化與包容性，但他們並未真正解作為職場裡的有色人種是什麼感覺。

這時，一個充滿勇氣的傾聽計畫誕生了。瑞安決定停工一天，用這段時間來深入討論種族議題。一位《財星》50 大的

執行長告訴他，這件事會讓他聲譽大跌。他在公司最親近的一位朋友打電話跟他說，這不是他被選來做的事（普華永道董事長職位是選舉出來的）。但瑞安相信傾聽的力量，所以決定繼續前進。

這天從很多方面來看，對他是個轉折點，對公司也是。公司當然沒有解決美國，或甚至普華永道的種族不平等與種族偏見問題，但人們傾聽、學習，並培養了同情與理解，這讓他們能以更好的方式前進。這促使瑞安與其他人共同創立「執行長的多元與包容行動」（CEO Action for Diversity & Inclusion），這是一個領導者能分享最佳實務的組織。

當我們用心傾聽，可以學習與擴展我們的思維。但有時，我們最終會促使其他人重新考慮自己的觀點或採取不同的行動。在心理學家格蘭特的《逆思維》（Think Again）一書中，他描述一位醫生如何利用良好的傾聽來改變人們對必要疫苗接種的看法，以及一位維和志工如何利用傾聽來說服一位世界最殘暴的軍閥參與和平談判。

「傾聽是給予他人我們最稀缺、最珍貴的禮物——我們的注意力的方式，」他寫到。「一旦我們表現出關心他們與他們的目標，他們就會更願意聽進我們的話。」[2] 讓人全心投入的良好傾聽，首要之務是謙遜、好奇與尊重的態度。它能建立信任與聯繫，幫助人們更加心胸開放。

傾聽別人說話的重要性，再怎麼強調也不為過，尤其當對方的言論挑戰你的世界觀，甚至與你相信的事物矛盾時，更是

如此。別忘了，說真話的人在我們人生中至關重要，因為他們幫助我們成長，擴大各種可能性。當他們更願意傾聽我們的話，我們就更可能一起學到重要的東西。

> **學習聆聽**
>
> - 在你人生中的重要時刻，透過努力傾聽學到什麼？
> - 試著回想一下，當你全神貫注聆聽，進而改變別人想法與感受的時刻。那一刻對他們和你而言有何不同？結果如何？
> - 想想一個僅僅把問題說出來，就讓解決方案突然浮現或大幅改進的時刻。對方是如何用心聆聽？他們沒有做什麼？

第 9 章
提出更好的問題

不久前,我和女兒芭特勒會見了溫蒂諾瓦克糖尿病研究所負責人溫特格斯特(Kupper Wintergerst)。他一直在協助我們與路易斯維爾最大的醫療中心合作發展研究所。我們關心這件事,或許比我們透過基金會所做的任何事情都重要。我們全家已然從經驗中了解糖尿病帶來的挑戰有多嚴峻。我們賦予研究所的目標不小。我們希望它提供所有家庭迫切需要的資源。我們希望它提供先進的治療與卓越的結果。我們想要它能改變人們的生活。

這些是我們與溫特格斯特醫生討論的目標。但在某個時間點,我了解到談話主要集中在我們想要什麼,以及為什麼這一切對我們如此重要。當醫生已經行程滿檔還需要陪伴家人的情況下,領導我們正在討論的計畫對他會是個很大的挑戰。他甚至在會議一開始就提到平衡工作與生活不容易。如果溫特格斯特不願努力執行我們想要完成的事項,我們的團隊就會不斷面

臨困難，進而無法實現崇高的目標。

我看著他的眼睛說，「聽著，我知道我們可以資助這計畫，你也可以讓它實現。但這真是你想做的嗎？」我這麼問，是要讓他思考為什麼這件事對他重要，並表現我的興趣與關心。這時，溫特格斯特的眼睛亮了起來。他的熱情與使命指數一下跳到 10。然後我們確切了解到研究所對他的意義。他明白他想要的，對我們也很重要。芭特勒在會後對我說，「你知道嗎，我覺得就因為你問了那個問題，他對我們目標的承諾倍增了。」

主動學習者知道最好的學習工具之一，是一個目標明確的問題。

保有安全感、好奇心，不斷提問

我總是告訴人們，作為任何工作、公司、職位、或專案的新人，最好的事就是你有權可以提出任何問題。這是唯一的學習方法。訣竅在於要有足夠的安全感與好奇心，不斷提問題──愈多愈好。「從提問的角度來看，我們在四歲左右已經達到巔峰，想到這點，有點令人難過，」《大哉問時代》（A More Beautiful Question）作者、記者伯格（Warren Berger）解釋，「我們在那年齡，每天都會問數百個能提高我們學習與能力的問題。」但當年齡增長，我們對自己的知識變得過於自信，或是太過擔心自己看起來無知。

「當你的領導地位愈高，保持好奇心就更加不易──因

為你認為自己懂很多，其他人也認為你懂很多，」暢銷書《建議陷阱》（Advice Trap）《你是來帶人，不是幫部屬做事》（the Coaching Habit）作者史戴尼爾（Michael Bungay Stanier）對我說。「但如果你這麼想：我做為資深領導者的職責不是快速找出答案，而是運用智慧讓周圍的人釐清問題，提出自己的解決方案，並確保他們不會做任何愚蠢的事情：如果你在適當的時候提出建議，你就會解鎖一些讓人驚豔的事。」**主動學習者會先努力保持好奇，然後給出建議**，這樣他們就不會成為史戴尼爾所稱「建議怪物」（Advice Monster）的受害者，這種怪物源於我們去判斷、解救、或控制的需求。「所有這些都是不可能的，」他說，「我們不可能無所不知，不可能解救所有人或所有事，更不可能控制一切。」

相反的，主動學習者將精力移轉到不斷探索與發現上。當我進入摩根大通董事會，因為關注人員發展，我被選為負責收集董事會的回饋，並給予執行長戴蒙他的年度績效評估。對於我給予的每條回饋，戴蒙都會問幾個問題：「如果董事會認為我應該更關注 X，那我如何在 Y 上更有效率？」「你認為我在這方面或那方面可以如何改善？」「我在這領域還缺少什麼？」目標百貨極其成功的執行長康奈爾（Brian Cornell）告訴我，他藉由文字語言度量來保持好奇。他試著以 3:1 的提問與陳述比例進行溝通。

然而，**無法促進思考或學習的輕率問題，再多也沒有用。關鍵是要提出更適切的問題**。在我《帶誰都能帶到心坎裡》

一書中，我說明了提出促進洞察力問題的重要性。貝爾格（Warren Berger）認為，最佳對策是提出優秀的問題，依他的定義是「轉換我們對事物的感知或思考方式——這可能會成為改變的催化劑。」年度傾聽者獎獲獎人、也是我上一章提到的作家克萊恩使用「犀利問題」（Incisive Questions）這個術語：「在你與好點子泉源間有個限制性假設，」她寫到，「假設可以用犀利問題來消除。」[1]

一個絕佳的例子是問「我們應該做什麼？」與更犀利的「我們可以做什麼？」間的差異。調查人員甚至研究了兩者的區別，發現**當用「應該」一詞時，我們會把所有人的想法限制在最明顯或最安全的選項。**[2] **當我們用「可以」時，是向更廣大的可能性世界敞開心胸。**當我詢問員工公司該如何發展業務時，就用了這個技巧。人們在思考時通常傾向溫和成長，並制定實現這目標的計畫。但我會問，我們如何能讓公司成長10%，而不是只有5%的成長？（我將在第三篇分享如何藉由簡化問題，來獲得最重要的見解。）

「如果……會怎樣」的問題，是激發人們想像力、擺脫限制性假設的有力方式。當我試圖破除自己的假設時，經常問自己，「如果有個經營之神來接替我的工作，她將怎麼做？」我喜歡問，「如果你在我這職位上，你會怎麼做？」我對從專業廚師到公司董事會成員等各種背景的人提出這個問題。你完全無法想像，這一個問題多年來產生的深刻見解。

我在第一線時常聽到的是委婉版本的「我會開除我老

闊」。這協助我洞悉公司對輔導與領導力發展的需求，有時也發現不符合公司文化的人。我經常從餐廳經理那邊聽到這樣的話：「我要把必須處理的官僚流程削減一半」或「我要停止試圖降低食物成本。這妨礙我們生產優良產品。」提出這些問題，是一個讓人知道我重視他們的想法與關切事項的絕佳方式。

無論你把它們稱為犀利問題、更優秀的問題，還是促進洞察的問題，主動學習者會用它們來克服大腦產生的障礙與偏見，避開廢話，協助人們產生更卓越的思考、更優質的想法與更有效的學習。

勞氏（Lowe's）執行長埃里森用個例子告訴我，在他剛進入公司時，提問題對他有多重要。有一天，他造訪亞利桑那州布爾黑德市（Bullhead City）的一家門市，那裡的家庭平均收入為 3.5 萬美元。在那裡，他看到員工正在佈置木板露台塗料的展示。露台的建造與維護都很昂貴，而且在亞利桑那州這樣的氣侯環境也不適和，更多當地人是擁有水泥露台或磁磚露台。埃里森對店長表明身分後說，「我以為這裡所有露台都是水泥材質。」店長說沒錯。「那為什麼我們還要做木板露台塗料的展示？」那是總公司要他們做的，店長說。

隔天，埃里森在德州一個炎熱地區的門市，注意到露台上展示了一個火坑。他又一次找到店長，這次還找了地區經理。「外面都超過攝氏 44 度了，為什麼我們還要展示火坑呢？」同樣的答案：來自總公司的指示。

埃里森不斷遇到類似的情況。簡單地提問「我們為什麼要這麼做？」揭露公司一個嚴重問題：店長有個限制性假設，也就是如果他們違背公司制定的產品與促銷計畫，就會惹上麻煩。他們無權為自家門市做出最好的選擇。這個見解促成了密集的領導力培訓，以及培養不同文化期望的行動。

　　我認為**犀利或優秀的提問始於最基本的問題**：為什麼我們以某種方式做事，或是為什麼我們以某種方式思考？我們能以怎樣的新方式行動或思考，來幫助我們解決問題或實現更好的目標？在此基礎上，我們帶著許多問題沿著未知的軌跡，得到更深層的學習，並彰顯我們想更進一步了解別人的想法。

用提問打破沉默反對

　　我喜歡用提問來揭露我所謂的「沉默反對」（Slow No's）。當你開會討論一個新策略，像是改變一道流程、一項產品，或一個行銷手法。會議室中有些人不想這麼做，或不同意這策略，但他們沒有說出口。美國海軍有個「沉默即同意」的溝通戰術，用來減少海上船隻間的無線電聯絡。在工作與生活中，情況正好相反：沉默代表反對，或至少是缺乏承諾。人們不想說「不」或是給人固執的印象，所以他們什麼也不說。這些都是「沉默反對」，它們讓正確的事難以實現。人們離開會議時沒有達成共識。他們並未全心投入，所以難以堅持或執行力不佳。

　　發現沉默反對的唯一方法是提出更好、更直接的問題，鼓

勵人們分享自己的真實想法,像是「比爾,你最擔心的是什麼?」或「艾拉,這對你的部門會有什麼影響?」提出好問題給了人們直視自己偏見或限制性假設的空間。

作為領導者,我們都需要身邊的善心人願意為我們扮演這個角色,幫助我們改進思維與想法。正如我們一再從一些高知名度公司失敗的案例所見,當沒有人質疑高層時,大問題就會出現。我說的不只是攸關腐敗與欺詐,也是關於做出正確的決定。即使是心懷善意的領導者也會有愚蠢的想法。我有類似的經歷,但我被拯救的那次尤其引人注目。

當我們剛成立百勝餐飲,合夥人暨共同創辦人皮爾森為我們的董事會建立了一支全明星團隊。我很早就知道他們的貢獻有多重要。在我們第二次董事會會議上,我對新公司與建立新企業總部的偉大想法充滿熱情,我想藉由一個全新企業園區與世界級的培訓中心,來打造一個全球市場領導者的形象。董事會成員沒有直接拒絕這想法,但確實提出很多問題:不只是成本,還有我們用這筆錢能得到什麼,以及為何新園區對公司有幫助。

因為董事會的提問,我回到團隊,投入專案並開始一個全新的討論。我們意識到,公司已經有一個功能性總部,在負債近50億美元(從百事公司分拆出來時繼承)的情況下,花錢建一個全新的總部似乎不是個好主意。董事會藉由提出正確問題,幫助我推翻如何讓人信任我們這家新公司(從實質而非外觀)的假設。

最後一點：我們提出問題的方式，與問題本身一樣重要。希爾（Bonnie Hill）是時代鏡報基金會（Times Mirror Foundation）與《洛杉磯時報》（Los Angeles Times）等公司的黑人女性主管，當時像她這樣擔任領導職的人並不多。她和我分享了一些特別的建議，這些建議是從一位朋友得來的：**永遠不要低估你將要提出的問題**。不要用「這可能是個笨問題，但是⋯⋯」或「我應該要知道，但是⋯⋯」或「這想法可能不對，但是⋯⋯」開場，這會立刻讓人忽視你與你提出問題的重要性，導致你學到的事物大幅減少。

　　為了總結上述所有這些智慧，我想引用一句據稱是偉大提問者愛因斯坦的名言（很可能傳聞並非正確）：「如果給我一小時解決一個與我性命攸關的重大問題，我會花 55 分鐘來確認是否問了正確的問題，因為一旦我知道正確的問題，我可以在不到 5 分鐘的時間內解決這個問題。」這是一個絕佳的提醒，如果你從提出好問題開始，就會學到採取正確行動所需的知識。

學習提出更好的問題

- 在你生活或工作中,何時曾因在對的時候問了對的問題,而學到影響深遠的事物?或是你問了一個問題,卻得到一個完全出乎意料的答案?
- 你的生活中是否有某個領域讓你感覺困惑、不確定,或像個初學者?如果是這樣,你是否提出夠多問題來增進理解?
- 你能在今天提出哪個問題,對你所學與協助他人發現的事物產生實質性的影響?

第 10 章

做出判斷與查核

「**拖**車公園」這個詞會讓人聯想到各種負面刻板印象：像是貧窮與無知、衣衫襤褸的孩子，以及在移動房屋下旺盛生長的雜草。我經歷過這些刻板印象。當我告訴人們，我是在拖車營區長大的，我可以從表情變化看出他們的臆測：我曾是個貧困少年，或是我閱歷有限。

但他們的印象與假設完全不同於我童年的真實情況。在很多方面，我無法想像有比這更質樸愉悅的成長經歷或更廣闊的世界觀，因為我是在拖車公園長大，每幾個月就換一個新城鎮生活，直到我十二歲。但這樣的生活也教會我對刻板印象與成見（尤其是對人）高度敏感，並對認識的人與環境做出自己的評估。在我整個職業生涯中，這幫我避免做出沒有根據或草率的判斷。我了解到，如果你保持開放心態，大部分人都能提供有價值的事物。

潛意識的偏見是有效溝通、絕佳想法與重要學習的殺手，

因為我們忽視了背後的人與環境。人類的大腦是一台邏輯機器，只要發現模糊地帶就會試圖克服，藉以讓決策更容易，讓生活感覺更安全。

避免大腦抄捷徑的思考陷阱

大腦喜歡分門別類，喜歡發展捷思法或心理捷徑，也依賴以過去經驗為基礎的範本。然後，正如史蒂芬‧克萊米奇（Stephen Klemich）與瑪拉‧克萊米奇（Mara Klemich）在《超越界線》（Above the Line，暫譯）一書中解釋的那樣，當類似的事物出現在你眼前，大腦就會「拿起舊的範本說『夠接近了』，然後把過去的經驗套在現在的時刻上。」[1] 這個範本帶來記憶、思想、情緒，甚至身體感覺。問題是，那「夠接近」往往並不接近，尤其當我們經驗有限時，更是如此。這時我們的觀點就會變成障礙而非工具。這時我們就會受到先入為主狹隘想法的危害，導致生活中的好點子停止流動。

如果大腦沒有形成這些分類、捷徑與範本，我們幾乎無法決定如何離開房間，因為我們沒法記起轉動門把的捷徑。但**主動學習者會有意識地努力避免依賴假設、籠統的分類與限制性範本，包括自己與別人的。**

這怎麼做到？前兩章提到的傾聽與提出更好問題是一個很好的開始。但在此之前就有機會。你必須與人交談，和大量不同的人交談，尤其是那些你一般不會接觸的人，並且把自己放

在可以看到人們行動的不同環境。這個習慣有助於拓展你的經驗，這樣你的範本跟分類會更廣泛、更全面，你的決策與判斷也會更靈活。

每三個月從一個城鎮搬到另一個城鎮的成長過程中，讓我對我遇到的無數人有了更開闊的看法，也培養出自己的直覺。我可以假定別人告訴我的是實情，或是我可以努力與人交談、了解他們，然後自己做出判斷。

在那些年裡，母親擔心搬家對我的教育造成影響，她把這擔憂告訴我在堪薩斯州道奇城（Dodge City）的老師安舒爾茲（Mrs. Anschultz），老師很快就讓母親放下心來。「諾瓦克都還沒上完四年級，但他住過的地方已經比大多數孩子一輩子會去的地方還多，」安舒爾茲說，「你兒子接受的教育，是我認識的人中最好的。」我所接觸的不同地方、不同人物、不同經驗，都是在更典型成長過程中永遠不會經歷的。例如，在一所學校裡，我是為數不多的白人孩子之一。這個經驗讓我了解，身為少數族群是多麼不自在，當我與類似處境的人共事時，我都會想起那幾個月。

史考特（Ray Scott）是李爾公司（Lear Corporation）的總裁暨執行長，該公司為全球許多汽車生產座椅與電子系統。他為自己在密西根州弗林特（Flint）長大感到自豪。他小的時候，全家住在城裡的貧民區，他告訴我，這些經歷教導他要保持謙遜。然而，當他搬到瑞典，負責改善一項岌岌可危的業務時，童年經歷沒有幫助到他，他形容這段經驗是自己職業生涯中最

具挑戰性的一段。他帶著「我是美國人、我知道要怎麼做，我們會重回正軌並取得成功」的態度接下任務。「我對領導抱持自以為是的心態，沒有尊重瑞典的文化與人民，也沒有尊重他們對激勵與鼓舞的認知。」

史考特的麻煩立刻出現。瑞典有很強的平等主義文化，但他沒有讓人參與來解決問題。他沒有傾聽員工的聲音。他不斷施壓，認為這部門過去不成功，但他知道如何改變一切。每天他都會收到員工向工會提交的投訴通知。

當他要給一位特別有才能的團隊成員升遷時，這位經理卻說，「我不想升職。」

「你是什麼意思？」史考特難以置信，對方竟然拒絕了監督其他計畫經理的升遷機會。

「我想要的都有了。我仍想做原本的工作。」

史考特說，「不，你必須接受。公司得有個階級制度。我想確保你對此負責。你可以有一輛車。」

「為什麼我想要一輛車？」

「因為你可以開車上班。」

「我有一台自行車。」

「但這裡總是下雨。」

「史考特，這裡沒什麼壞天氣，只有穿得不對的人。」

「你能賺更多的錢。」

「我不想要更多的錢。我會被認為跟我的朋友不一樣。」

當史考特回憶起那次互動，他告訴我，「這讓我了解到，

自己的思考多麼狹隘。」這個經驗讓他更加尊重文化、生活經歷與個人觀點的力量。此理念指引了他今日經營李爾的方式，尤其讓他注重多元化，因為多元化的觀點能讓組織更強大、更有彈性，並獲得更出色的成果。這就是為什麼我一直堅信價值觀統一但做法多元的理念，鼓勵員工把自己獨特的觀點帶到工作中。

主動學習者了解每個人都有偏見與成見，有自己的分類、範本與看待世界的方式。他們致力克服自己的偏見，但也不會盲目相信別人的意見。他們根據所學的知識做出自己的判斷，並努力克服「聚光燈效應」（spotlight effect）。奇普・希思（Chip Heath）與丹・希思（Dan Heath）在他們《零偏見決斷法》（Decisive）一書中，用這個詞描繪了我們對眼前資訊過度重視的傾向，這導致我們在沒有考慮聚光燈外的訊息下，就得出結論或迅速做出決定。當我們認識且信任的人告訴我們「事情就是這樣」或「此人就是這樣」時，我們很容易接受，不再進一步探究。但如果我們想做出最佳判斷，就應該環顧四周，尋找更多資訊。

借鏡他人觀點

在我領導大公司時，我經常會去餐廳找獨自用餐的員工，問他能否一起用餐。一旦這人克服了高層領導者邀請共進午餐的驚訝，對話就能自然流動。每一次，我都能學到一些以前不知道的事。一位年輕行銷人員根據自己的經驗，給了我一些關

於如何培訓員工的好點子。有時我會了解員工對我們所做決定的看法，以及我們作為一個公司的發展方向。不僅如此，我還從員工身上擴大了我的視野，挑戰了自己的分類、捷徑與範本。

作為百勝餐飲的執行長，我有幸經常巡訪我們的餐廳，見到和我才智相當但沒有和我一樣機會的第一線員工。因為他們的工作是洗盤子、負責得來速點餐、或在廚房備餐，人們就自然認為他們的話不值得一聽。這是我一直試圖糾正的大誤解，他們的話幫助我們避免一次又一次的犯錯。這也是我實現百勝餐飲「人人都能做出貢獻」文化的決定性原則的方式。例如，當我們在肯德基推出烤雞塊時，總部每個人都覺得這款產品非常棒。但後來我們和幾家餐廳的廚師交談，他們告訴我在現實世界做出品質穩定的產品有多困難。這個洞見讓我們重新制定產品方案。多虧這些廚師，我們找到更快、更簡單的方式來製作品質穩定的優質產品，從長遠來看，這為我們省下大量的時間與金錢。

家得寶共同創辦人馬庫斯（Bernie Marcus）在擔任執行長時也會這麼做。他對第一線員工敞開心扉，經常問「你會怎麼處理這問題？」或「你會怎麼做？」他用這方法獲得一些價值非凡的想法，幫助家得寶快速發展。

檢視判斷的前提假設

在你檢查自己對別人所分享想法的判斷前，必須先檢查自

己的假設，因為這假設限制了你影響範圍內的人。例如，當羅睿蘭（Ginni Rometty）成為 IBM 總裁暨執行長時，她看到公司需要進行三項變革。公司需要一個新的技術平台，需要新的技能，需要改變它作為組織的運作方式。（你知道，就是一些小事！）最難解決的是招募技術人才，因為公司在招募時，基於兩個錯誤的假設：至少擁有學士學位以及相關經驗是較好的人選。IBM 迫切需要數位技能，但難以取得。人才庫中沒有受過足夠訓練的人。技術每三到五年就會發生巨大變化，但 IBM 有太多員工對改變不感興趣。

因此羅睿蘭幫助團隊在招募上做出兩大調整。首先，他們開始在高中與社區大學尋找人才，並為公司最需要的技能進行更多的內部培訓與教育。其次，他們開始測試讓人從轉變獲得成功的特質：好奇心、勇氣與動力。當招募團隊放棄對學位、背景與經驗的假設與偏見時，就會發現能為組織帶來最大價值的人。

我們在生活與工作中都會做出先入為主的判斷，但沒有人願意承認自己這麼做。當前關於我們國家不平等、歧視與排斥的討論凸顯了這個事實。但我們仍然這麼做。我們對陌生人與朋友、對我們討厭與喜愛的人都這麼做。

例如，我和一位年長的朋友共進午餐，他已經半退休，不再領導家族企業。他告訴我，自己擔心兒子沒有尋求他的建議，或沒有利用他分享的知識來解決一些關鍵問題。「我認為這是時代勢利病（chronological snobbery），」他引用路易斯（C. S.

Lewis）發明的術語來描述「不加判斷地接受我們時代通行的知識風氣，以及任何過時事物都不足信的假設。」[2]

確實，我不會採納一個在 1920 年受訓醫生的醫療建議，但我也知道，我得到的一些最佳商業建議來自於比我年長數十歲的前輩，他們在不同的領導時代成為要角。

這就是為什麼建立自我意識如此重要。當你了解你是誰，自己的行事作風，以及你可能被偏見與假設支配的地方（因為我們都有這樣的時候），你在理解與檢查自身判斷上會更得心應手。

當你愈努力從更多不同人身上學習多元的想法與世界觀，你的學習就會愈深入扎實，進而讓你採取更有效的行動。

學習檢視你的判斷

- 花一點時間想想，你現在是否在生活或工作上的某些方面做出先入為主的判斷。這並不容易。試著思考一種讓你感覺受限的情況，或一種你可能因為是由某人提出而予以否定的想法。這判斷背後的假設或偏見是什麼？你能做什麼來驗證你的假設？
- 你如何藉由與更多人互動、了解他們的想法與經歷，來拓展你的經驗範本？
- 你是否曾盲目接受別人的判斷，沒有尋求更多觀點或學更多東西，之後感到後悔？如果重新來過，你會怎麼做？

第 11 章
看見世界的真面目

溫蒂和我訂婚不久後,我去路易斯維爾見她的父母。她很想知道我給大家留下的印象,所以一有機會,她就把母親拉到一邊說,「那麼,你覺得怎麼樣?」在那一刻,她們能聽到我在門前打籃球時,與她兩個哥哥傑夫與里克閒扯。

「嗯,」我未來的婆婆安妮回答說,「他是個很吵的人。」

她沒說錯。溫蒂說我就像隻巨大的幼犬,跳來跳去,又叫又搖尾巴。當你處於領導位置,這種熱情會為你帶來麻煩,因為人們常把熱情與過度樂觀,甚至妄想混為一談。他們可能假設你不想聽到泡沫破裂的現實情況,即使你只想知道真相。

舉個例子:我對自己主持的 Podcast「領導者如何領導」(How Leaders Lead)感到無比自豪。我認為這些對話對世界各地的領導者都有啟發與助益。如果你問我關於這個 Podcast,你會聽到(並看到)我滔滔不絕的熱情。

在開播一年後,我們聘請一位經驗豐富的 Podcast 製作人

與品牌創建者舒勒（Tim Schurrer）來幫助我們改進它，舒勒現在是大衛諾瓦克領導力組織（David Novak Leadership）執行長。當我們還在互相了解階段時，我在一次會議上問他，我們可以如何改進。我看得出他吞吞吐吐。他給了我含糊的回答。

最後我說，「舒勒，我唯一關心的就是做出最好的產品。你覺得我們該怎麼辦？」這讓他可以放心地告訴我事實：他說，與其他非常成功的 Podcast 相比，我們的開場與結尾還不夠好。我們沒有用讓人激動的偉大想法吸引聽眾，也沒有留給聽眾明確的要點。這影響了我們的聽眾參與度。「OK，」我說，「我們該如何解決這些問題？」他給了我們一個更好的範例，我們立即採用，這讓我們的 Podcast 變得更完善。

養成批判性思維

主動學習者正視現實。他們認識到一個基本事實：**抱持妄想的人學不好**。主動學習者努力工作，遵循我百勝餐飲導師皮爾森經常重複的建議：**學會看世界真實的樣子，而不是你希望它成為的樣子**。如果最優秀的想法和最可靠的知識都是以現實為基礎，那麼若你執著於期望而非承認現實，你接納最佳想法的機會有多大？如果你不知道起點在哪裡，怎麼可能知道在何處或用什麼方法成長與學習？

不幸的是，我們通常看不到世界真實的面目。大腦會根據我們的經驗、渴望與期待，對我們感知的一切創造故事（源於

我在上一章所述的那些分類、範本與捷思法）。在此過程中，當資訊似乎缺漏或相互矛盾時，大腦會填補空白或選擇哪些資訊要使用、哪些要拋棄。（想不到吧，大腦真的很喜歡能證明故事正確的資訊，這個問題被稱為確認偏誤。）

神經科學家經常提到的一個例子是，不同人在目睹同個事件後會講述不同的故事。他們會發誓自己看到的是事實，即使它往往不是、或至少不是全部的真相。「視錯覺」是大腦填補空白的視覺表現。大腦以特定方式詮釋它接收到的資訊，我們無法忽視它，即使我們知道那不是真相或現實。

基本上，人很容易有點妄想。早在神經科學家解釋我們如何處理資訊並從中創造意義之前，偉大的哲學家和思想家就知道這是一個挑戰。20世紀早期，影響深遠的律師丹諾（Clarence Darrow）就說過，「人不是靠真相維生，而是靠他大腦產生的幻想而活。」[1]

那麼，主動學習者該怎麼做？嗯，丹諾說了另一句話，「盡一切努力追求真相，你就會獲得自由，即使你從未觸及它的衣角。」[2]

我比較樂觀。我認為我們可以在很多情況下接近真相。首先，邀請更多說真話的人進入你的生活，他們會不斷引導你面對現實。但是你不能把自己對現實的理解變成別人的責任（或是把你的判斷建立在別人的判斷上）。**如果你想看到世界真實的面目，你就得尋找真相。你必須盡一切努力去追尋。**

一個好的起點是盡你所能的吸收客觀資訊，然後對照你聽

到的想法與觀點進行驗證。這些想法與觀點是基於希望與渴望，還是基於事實？它們全是真相，還是半真半假？提出這觀點的人是自己這麼想，還是真的知道？這些想法是揭露盲點還是掩蓋盲點？我在此真正要談的是批判性與分析性思維。在所有資訊蜂擁而至的今日，這比以往任何時候都重要。

整合流程及分析，優化決策

希思兄弟在《零偏見決斷法》一書中指出，一個健全的決策過程比數據與分析更重要，因為無論如何，數據或我們對數據的分析往往有缺陷。我們根據自己的希望、假設或想法來解讀它，而不是根據實際情況。

書中描述了兩位決策研究人員洛瓦羅（Dan Lovallo）與席波妮（Olivier Sibony）的工作，他們研究一千多家公司的決策以及決策是如何產生。「當研究人員比較在產生優良決策（那些增加收入、利潤與市場佔有率的決策）時，是流程還是分析比較重要，他們發現『流程比分析更重要』，而且差距還有六倍之多。」[3] 他們解釋，好的流程可以帶來更優秀的分析，若分析缺乏好的流程就不會帶來最佳的學習成果。你需要兩者來引導自己面對現實。

一個我們過去曾在百勝使用的分析－流程整合方法，是問題檢測研究。我們請顧客告訴我們一個特定範疇的所有問題，像是新產品反應不佳，或得來速排隊排太長。然後我們討論這些問題，按問題的重要性與發生頻率進行排序，深入挖掘可能

的解決方案。當我們解決最常出現的重大問題時，奇蹟就出現了。這往往是扭轉企業頹勢，或在市場佔有率取得巨大飛躍的路徑。

當你看到世界真實的樣子，正確的行動就會昭然若揭。

2000 年塔可鐘推出兩款新餐點，烤填餡墨西哥捲餅與起司薄餅。兩樣餐點都很美味，能吸引不同的客群。我們「確信」（這一直是個危險的詞）隨著新產品在餐廳出現，同店營業額必然增加。但市場測試（我們的分析）結果讓人沮喪。顧客實際並不買單。我們必須找到根本原因，因此運用了一項流程來理解為什麼它們不受歡迎。

我們為塔可鐘品牌發起一項問題檢測研究，發現我們最大的問題出在認知。顧客認為我們的產品會弄得身上髒兮兮。當你 70% 的生意都來自得來速時，這是個大問題。沒有人想要午餐後出現在別人面前時，襯衫上有莎莎醬的汙漬，或是腿上滿是塔可餅的碎屑。隨著理想泡沫破裂，我們對現實有了更清楚的認識，決定重新開始。

當你一邊開車一邊吃東西時，什麼最重要？攜帶方便。因此我們對起司薄餅製作了一個新的廣告宣傳，將它重新定位為「最熱門的新手持餐點」。我們甚至請貝佐斯（Jeff Bezos）為它的廣告代言（你可以在 YouTube 上找到）。

我們將烤填餡墨西哥捲餅定位為「平價重型便攜餐」。便攜廣告活動立即取得驚人的成功——成功到我們決定打造一項新的便攜脆皮產品「脆捲餅」（Crunch Wrap），將它定位為

「即食餐」（Good to Go）。我們也知道，大部分人認為漢堡是最適合邊開車邊吃的食物，所以我們創造了一個新標語：「跳脫漢堡麵包來思考」（Think Outside the Bun）。

這些產品與活動在全國帶來將近二位數的業績成長。我們要做的，就是透過流程與分析來認清顧客需求的現實，並調整自己來符合現實。

成為卓越批判性思考者的最好方法之一，是確保你的資訊盡可能接近來源。如果你自己不去源頭，可能會讓一個又一個的看法影響你最終聽到或學到的東西。你不會知道自己是否看到現實。在百勝餐飲，我們在對所有領導者的「為客瘋狂」（customer-mania）培訓中，教導他們「先往左轉」。亦即，當他們走進一家餐廳，應該先左轉去和顧客交談，而不是直接走到餐廳後面和經理或團隊成員交談。

已故的四星上將、美國陸軍前參謀長奧迪耶諾（Ray Odierno）在評估與指導他的將領時，就使用了這一策略。他不是詢問某人是怎樣的領導者或部隊表現如何，而是親自前往部隊並參加簡報會。「當將領授權給下屬，我能看得出來，」他對我說。做簡報時，他們全神貫注、完全了解發生什麼事，他們直言不諱。這是一個開放、愉快的環境，人們更有創新精神，也更善於解決問題。他也能迅速發現某個部隊表現不佳或上級領導不力的跡象。「只有指揮官才能發言。每個人看起來都昏昏欲睡。他們悶悶不樂，也沒有參與感。」奧迪耶諾從源頭評估現實，這在自然分層的組織尤其重要。

當你試圖看清世界的真實面目時，重要的是，**不要被好消息蒙蔽了雙眼**，好的流程可以幫助你克服這一點。在體育運動中常聽到的一句格言是：一支球隊不會一直像贏球時看起來那麼棒，也不會一直像輸球時看起來那麼糟。真相往往處於兩者中間，這是生活與工作大多數情況下的現實。當我們獲勝時，更容易受確認偏誤所害，認為一切都很美好。

摩根大通傳奇執行長、百勝餐飲前董事會成員戴蒙經常將自己的公司，與金融業中績效最好的公司進行比較。當然，他關心的是內部改善，但無論經濟形勢好壞，他都想知道公司在關鍵指標上，與業界其他成功公司相比如何。**競爭者可以是你絕佳的現實資訊來源**。你可以分辨哪些公司有追蹤競爭對手，哪些沒有。西爾斯百貨（Sears）沒有從沃爾瑪的成功中了解到市場與顧客需求的變化，結果西爾斯倒閉了。沃爾瑪領導者非常重視自己能從目標百貨上學到什麼，反之亦然，兩者都生意興隆。

我們根據關鍵績效指標，對所有餐廳進行從上到下的評級與排名。這些對現實的提醒促進了良性競爭。我們還在關鍵顧客指標上與競爭者進行比較。我喜歡在市場領導者表現出色的領域努力。它給了我們一個簡單且活生生的例子來對照檢視。

人們常說戴蒙有不可思議的直覺，基於直覺的判斷是他成功的來源。當我問起這件事時，他說，「我是個書呆子。我學習與閱讀一切事物。我們鑽研數據、模型與事實。我審視歷史。我什麼都做……有時候，好的答案正等待你去發現。找到

它們的方法就是努力為之。」他表示，正是這些分析、流程與經驗的結合，造就了準確的直覺。

坦誠面對現實

保持務實的一個好方法是，不只要追求真相，還要實事求是。 主動學習者明白誠實與透明的價值。他們實話實說，因為他們知道，當自己這麼做，別人有更大可能也這麼做。這正是戴蒙經營公司的方式，也是他如此受人尊敬與信任的原因。

這一課對 2006 年 11 月的百勝餐飲尤其重要。在與華爾街分析師召開年會的前一天，我們得知美國東北部的四個州有人感染大腸桿菌。當地衛生部門已經追蹤到這些疾病的源頭是塔可鐘。大腸桿菌對感染的人是個可怕的折磨，這消息嚇壞了大眾。儘管問題只侷限在供應東北地區的產品，但全國的銷售額都大幅崩跌。

當我們聽到這個消息，做的第一件事就是與政府合作尋找疾病的根源。追蹤疾病是一項棘手而繁瑣的科學過程，很難趕時間。當你經營餐廳時，這速度更是讓人沮喪。在我們還來不及取得所有事實前，不得不對投資人簡報，而在同一天早上，《紐約時報》與《華爾街日報》都已刊登了大腸桿菌疫情。

那天我們得到的啟示是：直接應對現實，人們會更信任你，對你的想法與計畫也更有信心。我讓投資人關係主管在會議開始前，列出我們所知關於這場危機的一切，並表示我們認為媒體在報導上做得很好。令人驚訝的是，在簡報問答的環

節，沒有人提出關於這場危機的問題。因為我們明顯應對了現實 —— 承認現實、挖掘真相，並加以分享，我們的股價實際上還上漲了。然後我們採取更好的行動。我們發現的事實是，大腸桿菌是經由生菜汙染食品，於是我們開發了更卓越的新方法來清洗我們的農產品原料。

最後，當現實賞了你一記巴掌時，抗拒它或否認它是沒有意義的。聯合航空執行長穆尼奧斯告訴我，在他職業生涯早期，曾從百事公司換到可口可樂。他在百事公司，是個迅速竄升的新星。他很年輕，才二十多歲，自我感覺良好。在新工作上，他認為可口可樂的文化與領導者比百事公司古板保守，百事公司的領導職位都是由更年輕、更有幹勁的人擔任。這是亞特蘭大文化與紐約文化的對決。

在穆尼奧斯的第一次績效考核中，老闆給了他一個現實的禮物。「他做了一件神奇的事，」穆尼奧斯告訴我，「他拿起人資文件，摺疊起來，推到一邊，然後說『現在，我想以一個朋友的身分，和你說幾件事。』那時我想，他可能要讓我跟他女兒約會……結果他說，『你也知道，你很擅長自己的工作。如果我要給你一些意見的話，就是你還沒有自己想像的那樣優秀。』」這個簡單的現實檢驗讓穆尼奧斯意識到，他還有許多事項要向同事學習，自己是瘋了才會看輕他們的經驗。現實檢驗有時讓人難以接受，但它總是能幫助我們學到更多正確的東西。

這件事很重要，所以我要再說一次：**抱持妄想的人學不**

好。他們不擅長解決問題,往往不會遵循最佳行動方針。他們可能會錯過許多最重要的機會。所以,請盡一切努力追尋真相,你將給自己一項學習與生活的特別超能力。

學習如實地看待這個世界

- 回想一個你覺得自己終於瞭解真實情況的時刻。你看到或了解到什麼,是你在那之前一直忽略的?這對你未來有什麼影響?
- 接近現實能如何幫你學到現在生活中最重要的事物?一個好的跡象是你感到困惑、不確定或無法改變。在你的決策分析或流程中,是什麼阻礙你實現這一目標?
- 你在生活的哪些方面仰賴二手資訊,這些資訊只是確認了你的想法,或未能完整呈現所有情況的真相,你要如何才能獲得真相或找到事實源頭呢?

第 12 章

讓 1 加 1 等於 3

在我職業生涯早期,當我還在一家廣告公司工作時,我晉升為客戶菲多利的廣告總監,管理包括菲多利一個最大的品牌多力多滋(Doritos)。我所在的團隊負責為新口味尋找創意。

最初的多力多滋是烤玉米口味。之後推出的墨西哥香辣起司(Nacho Cheese)口味廣受歡迎,也很顯然是前者的延伸:把沾醬放在三角脆片上。但當我們開始研究下個絕佳口味時,我們看的不是洋芋片貨架,而是那些能指引我們更廣泛口味趨勢的貨架。於是我們在沙拉醬貨架找到了它。

瓶裝沙拉醬的要務是創造一種強大的滋味,這種滋味可以蓋過所有它們抹上的東西。我們想要多力多滋擁有的正是這種大膽強烈的滋味。田園沙拉醬是當時最暢銷的沙拉醬口味,所以我們想「何不把它放在玉米片上?」

我們還需要一個能吸引顧客且獨樹一幟的名字。例如,我

們可以稱第一個新的多力多滋為「起司多力多滋」，但我們將它命名為「墨西哥香辣起司多力多滋」藉以賦予它更多魅力，這個廣告策略稱為「在已知數上增添獨特形象」。

田園多力多滋（Ranch Doritos）名字不夠搶眼。我們要在口味與態度上樹立獨特的形象：於是，酷樂多力多滋（Cool Ranch Doritos）誕生了，多年後仍是粉絲的最愛。

活用模式思考

我們經歷的「酷樂」流程彰顯了模式思考（pattern-thinking）的力量。**模式思考是一種 1 加 1 等於 3 的學習方式。藉由將看似不相關的東西組合在一起，你可以創造出比分開來力量更強大、更令人興奮的新事物。你必須發現兩個表面上看起來不同事物間的微妙相似處，然後跳到一個新的想法、解釋，或行動上。**

在準備這個跳躍時，主動學習者會盡可能接觸不同領域的模式。對周遭世界充滿好奇，希望發現思考問題或發掘機會的新方法，是主動學習的核心。主動學習者閱讀、傾聽、旅行、嘗試新事物、探索興趣愛好。他們從不同學科、產業與文化中探索趨勢與見解，然後把所學的知識應用到問題或目標上。我想出的一些最成功點子，就是從這習慣得來的。

你可能會認為模式思考時刻是個頓悟時刻或靈感乍現，但主動學習者不會坐等時刻降臨，他們會主動尋找。他們甚

至養成了尋找模式思考時刻的習慣。廣告巨頭揚雅（Young & Rubicam）名譽主席，《成功之源》（The Source of Success，暫譯）作者喬治斯庫（Peter Georgescu）談到模式思考時說，「創意解決方案是一種跳躍，這種跳躍是由生活經驗支持、滋養與培育的。你的生活經驗愈豐富，就會愈有創意。」他在書中提出了磨練模式思考的建議：

> 訓練和提升你在人類經驗中發現不相關事件模式的技能。這是可以學習的。模式識別是那些成功且有創意的商業問題解決者必備的要素之一。如果你磨練這項技能，就能從任何方面獲得洞察力。有一次我在《華盛頓郵報》讀到一篇關於阿茲特克灌溉系統的文章，講述該系統如何將水引導至墨西哥貧瘠的土地上，突然聯想到如何協助重組我所在廣告代理商的直效行銷組織。從便利貼到威而剛，商業世界有很多這樣的故事：產品被廣泛應用在並非當初開發的目的上，進而獲致巨大成功。[1]

你可以在歷史上創意且創新的解決方案中，看到更多模式思考的例子。身兼建築師、設計師與創新者的富勒（Buckminster Fuller），他最偉大的建築發明之一「網格球頂」（geodesic dome），是根據他在大自然中看到的結構模式設計。他認為自然界的設計原則，應該影響我們所有的工作，因為它們已經進化到最佳狀態。1948 年，瑞士工程師梅斯特拉（George de

Mestral）牽著狗散步回家後，發現他們倆身上都黏滿蒼耳，於是他萌生製造魔鬼氈的想法。

人類一些最偉大的創作都來自模式思考，創作者卻沒有意識到這點。自閉症社會活動家葛蘭汀（Temple Grandin）與獲獎科學作家潘奈克（Richard Panek）在《我的大腦和你不一樣》（The Autistic Brain）一書中描述了這個現象。例如，數學家分析了偉大作曲家的作品，並在他們的節奏、八度移位與音符進程中發現幾何模式：「作曲家當然不會用這些角度來思考自己的作品。他們沒有想數學，只有想音樂。但不知何故，他們朝著數學上合理的模式前進，另一種說法是，內在邏輯是共通的。」[2] 不只是音樂如此。「梵谷後期畫作中，雲朵與星辰有各種旋轉、翻騰的模式，就像空氣與光線的漩渦。事實證明，它們就是這樣！」現代物理學家將梵谷的圖案與液體湍流的數學公式進行比較，發現兩者幾乎完全相同。

無論是刻意或是出於直覺，當我們專注成為一位綜合學科學習者，模式思考就會出現。國家美式足球聯盟（NFL）總裁古德爾（Roger Goodell）就是一個很好的例子。他定期造訪矽谷，因為他認為那裡是商業領域最具創新性新想法的溫床。他告訴我，他正在尋找「一種對科技與企業正在發生事情的全新角度與理解。我們不只去看那些可能和我們做生意的公司。事實上，我們是去看我們欽佩的公司，它們正在運用自己的技術與產品尋找新的解決方案。我們試著看如何將它應用在自己身上，以及如何讓國家美式足球聯盟變得更好。」國家美式足球

聯盟比許多其他組織更早在體育館提供 Wi-Fi，部分就是源於這些參訪。

　　主動學習者會積極地尋找模式。古德爾尋找一種將線索與突破性想法連結起來的模式。就像我們在沙拉醬貨架找到酷樂多力多滋。正如被稱為「現代投球力學之父」、知名棒球投手教練豪斯（Tom House）所做的一般。當他與聖地牙哥教士隊（San Diego Padres）合作時，主教練丹特（Dick Dent）讓球員用橄欖球傳球模式來鍛鍊手臂、跑步，並混和訓練課程。豪斯照著做，很快就發現其中的規律。「我看到我所有的頂尖投手都能完美投擲橄欖球。而那些技術不佳的球員沒法讓球旋轉，也沒有一點準度。」這讓他思考，如果自己與四分衛合作能學到什麼。於是他錄下一些最佳四分衛的動作，包括蒙塔那（Joe Montana）與馬里諾（Dan Marino）。「我們核對了生物動力學航空模型……發現四分衛與棒球投手有著完全相同的力學機制。」

　　這些力學機制成為豪斯訓練的核心，他運用這些技巧幫助投手在四十多歲仍能留在投手丘上。然後，他開始積極和美式足球運動員合作。他會見貝利奇克（Bill Belichick），表示只要專注在正確的技巧與訓練方案，他可以幫布雷迪（Tom Brady）延長職業生涯。我們都知道布雷迪一直打得很好，直到四十五歲退役。

　　我認為最重要的基本模式可跨越產業與學科、跨越邊界與文化的應用。這些模式就像富勒在自然界中尋找的設計原則。

例如，我人生中最懊惱的事之一就是糟糕的領導。如果你深入分析數據，會發現人們對大部分領導者普遍不滿。我看到員工潛力因為差勁的領導而浪費，也看到偉大領導帶來的可能性。這是我過去數十年來一直想解決的問題。這也是為什麼我在領導百勝餐飲時教授「動心領導學」(Taking People With You)課程，以及為何我要以此為基礎寫一本書。因為我看到一個模式。在百勝餐飲集團全球一百多萬位員工中，很少有人在一生中接受過任何真正的領導力教育。

我開始研究其他成功的教育舉措，發現大部分很早就開始了。為什麼我們要等到人們二十多歲，甚至三四十歲才開始教他們如何領導？我問。然後，如果我能把我課程中的想法注入現有的教育中，像是初中和高中會如何？由此產生了我在第八章所述的 Lead2Feed 課程（現在是 Lead4Change）。但我們沒有止步於此。Lead2Feed 的成功讓我思考，為什麼我們不能為大學生做一些類似的事？這就是我們在密蘇里大學設立諾瓦克領導力研究所的原因。一個成功的領導力發展計畫，加上學校的基礎建設，以及老師想讓學生參與社區活動的熱情，你會得到比個別部分加總前更大的收穫。

最好利用的模式，是那些看起來通用的模式，像是數學原理。 當我們在 1997 年成立百勝餐飲並發展它的文化時，很多人告訴我，我們不可能擁有一個通行全球的文化，尤其是我想為文化注入活力與樂趣。國際部的阻力尤其大。當時的感覺是，你無法複製價值觀，因為價值觀是在地的，每個地方文化

不同。但後來，國際部執行副總裁賀爾（Peter Hearl）對我說，「嘿，諾瓦克，我走遍世界，在許多國家工作過，這絕對是胡說八道。好的價值觀是全球通用的。我們需要讓公司每個人身處一樣的文化，不論他們在哪裡。」我們找到一個方法，建立起基於普世價值的文化，這種文化能適應當地與不同作風，這對我們的成功至關重要。我們證明了一些模式能跨越疆界、國境、習俗，來創造飛躍。

閱讀本書的當下，你也在發展自己的模式思考。你可能對成為一家跨國公司的執行長，或國家美式足球聯盟的總裁毫無興趣，你可能對棒球一無所知，但本書中所有人的經歷都會影響你的想法。結果你可能會發現一個突破點，幫助你實現你想做的任何事情。

學習培養模式思考

- 上次你想出特別有創意的點子或解決方案時，你的靈感是什麼？你使用什麼模式、在哪裡發現的？
- 你會花多少時間探索日常工作與生活經驗以外的事物？你在哪裡接觸不同的學科與產業？
- 想想你正面臨的挑戰或一直努力解決的問題。你有沒有從不常見的來源尋找模式或想法？如果沒有，接下來你會怎麼做？

第 13 章
在忙碌中留白

我們搬到肯塔基州的路易斯維爾後,溫蒂第一次建議我去當地的教堂看看時,我說,「沒興趣。」這不表示我沒有宗教信仰,我只是不知道參加宗教儀式能帶來什麼。我對這經驗有著強烈的先入為主觀念,不想把週日早上時間花在聽講道上。

「我想你會喜歡這個教會,」她堅持。她參加這教會已經有幾個星期了。溫蒂比任何人都了解我,所以我同意試一試。

我在那裡聽到的第一篇佈道是關於「對未來擁有願景,以及在努力建立有意義生活時,願景有多重要」。那是在 1995 年,我擔任肯德基總裁的早期,那正是我們在做的事。如果缺乏一個鼓舞人心的積極願景,我們就不可能發展成一個強大的公司。這就像為我量身打造的佈道。所以,接下來的週日我也出席了……也獲得同樣的體驗。事實上,每次我參加時,佈道似乎都像是專門為我準備的,涵蓋一個我在工作或生活上感到

棘手的主題。

我信仰基督教，但我知道並非每個人都有同樣的信仰。我不是想說服你去參加我的教會。我認識到，我對信仰的經驗更多是與我及我人生所需相關，而非與教會本身相關。參加禮拜除了聆聽佈道，也創造了與人聯繫的機會，提供對當地社區的洞察以及我們參與社區的方式。但或許最大的好處，也是我相信我們都需要的，是它在我的生活創造時間與空間來進行深刻的反思。

留白反思，提升洞察

如果不進行反思練習，就很難對世界有個學習的視角。我一生中認識的許多主動學習者，都把反思作為一項優先事項、一個習慣 —— 無論是透過信仰的實踐、透過冥想，或只是靜靜的坐著。他們留出時間來仔細考量想法或挑戰，從而更深入地了解自己、他人與世界。這也是 Google 多年來實行 20% 原則的原因之一：期望人們在日常工作之餘，花 20% 時間探索有趣的想法，學習新技能，或思考公司的未來與各種可能。

大約九年前，我發現我的人際網路有一些人走著類似的屬靈道路，於是我加入一個週一早上的聖經研讀小組。這是我一週最重要的一段時間。它提供一個安全的地方，讓我們分享生活中的順境與逆境，探究我們對所得一切的感激之情，並審視我們在世界上行善的責任。這些討論促使我們進行深刻的思考與自我檢視，我們大多數人對兩者都相當欠缺。我們相互學

習，從討論的章節獲得洞察力，促使自己誠實而公開地反思。

紐約市萬靈一神論教會（All Souls Unitarian Church）的領袖根格里希（Galen Guengerich）在《感恩之道》（The Way of Gratitude，暫譯）一書中寫道，「如果你曾對人生的意義有過更深刻的認識，對人生的目的有過更深層的理解，或是有過更感動人心的喜悅體驗，」那你就是一位靈性追尋者。[1] 這不是一個讓多數人感到舒服的標籤，儘管你可以自行解讀它的意涵。

根格里希分享了一個與年輕人共進晚餐的故事，這些年輕人加入了他的教會。他問這群年輕人是什麼吸引他們加入，他們是如何告訴朋友自己的經歷，或是他們為什麼開始參加。「他們的回答很一致，」他寫道。「我們什麼也不說。我們這個年紀的年輕人，至少在紐約市，加入宗教團體是不被認可的。朋友會認為我們被騙了或瘋了。」……愈來愈多人認為靈性是個人有意願就能關注的事物。但不應該集體敬拜，更不應該在公共場合這麼做。

如果你同意這個說法，或是認為我所描述的那種靈性探索不適合你，那麼可以思考這個問題：**你要在生活的何處抽出時間，對自己的價值觀、目標、如何回饋世界與實踐價值觀上，進行誠實、不設防的對話？**這種整體反思在你對自己與他人的了解，以及擴大人生可能性的方法上，可能最為強大。不過，我們對反思感到不舒服。不舒服程度甚至跟談論金錢不分上下。很少人願意為反思騰出時間。

即使在我們理應有創意且多思考的工作中，花時間進行單

獨或與小組的簡單反思也很少見。《留白工作法》（A Minute to Think）作者方特（Juliet Funt）描述了在充斥會議、電話與任務的日子裡，為了完成有價值的工作，根本沒有時間安靜坐下來思考。「行不通，」她告訴我，「這就是為什麼每個人都在晚上、週末與清晨工作，在孩子們就寢後還要加班。」在過去，當看到領導者坐在辦公室，放鬆地盯著窗外（我過去常在日程中騰出時間這麼做），你會想，「現在是黃金時刻，他正在為企業擘畫未來，他正在撰寫我們的故事。」現在，反應是不同的。思考是件祕而不宣的事，人們偷偷摸摸地完成它，因為「如果你在尋常的辦公室思考，就會有人走過來問你，『你在做什麼？你在做什麼？你在做什麼？』」方特說。

主動學習者會抗拒把每分鐘都塞得滿滿的傾向。他們喜歡安靜的時刻。例如，我喜歡在飛機上，沒人能聯絡到我。這是我思考最有力的時刻，是我的頓悟時刻，是我決心做出重大改變的時刻。我每天早上都會創造一些安靜的時間。我在日記寫下感恩的字句。我閱讀格言，思考它的意義。正是那些安靜時刻推動你前進，**是靜默促使行動。**

讓自己靜下來

在一場精采的 TED 演講中，工程學教授、《學習如何學習》（Learning How to Learn）作者歐克莉（Barbara Oakley）解釋了我們是如何學習那些困難或迥異於我們已知的事物。[2] 她有這個經驗。她的數學與科學成績一直不及格，直到快三十歲，

才開始探索工程學的職業，之前多年她一直是俄語及斯拉夫語專家。她在演講中描述了兩種思維模式：專注模式與發散模式。

專注模式就是字面上的意思。當我們試圖完成一項任務或記住一些事時，就是採用這個思維模式。我們的思維常局限於過去創造的神經通路。發散模式是一種更「放鬆的神經狀態」，允許我們的思緒飛翔、廣泛擴展，處理消化甚至創造新的想法。當我們學習的時候，需要這兩種思維模式。當我們思考陷入泥淖，無法理解一個概念、難以解決一個挑戰時，特別需要發散模式。

要如何進入發散模式？就是先讓大腦休息一下。可以讓思緒漫遊，從一個點子跳到另一個點子，從一個想法跳到另一個想法，直到最後，當連結建立起來，我們就能獲得突破。這是花時間反思的實際力量。我在生活與工作中能發現各種有用想法，是因為我放鬆了大腦，讓聽到的佈道引導我走入全新有趣的方向。

摩根士丹利董事長暨執行長戈爾曼告訴我，我們在生活中總是要處理下一件事，這讓我們失去洞察力，或讓我們看不見重要的事物。「就像站在海邊看著浪花不斷湧來。你想讓它們停下來，但它們總是停不下來⋯⋯是的，你應該離開海岸線，在一棵安靜的樹下找一個靜謐的地方，給你的大腦時間來反省與思考。」

對戈爾曼而言，這個空間是他在外出運動時創造出來的。

對我而言也一樣。我們買過的每棟房子,院子裡都有一棵雄偉大樹,或是讓人驚嘆的景色。沒有什麼比大自然更能激發你去思考萬物間的關聯,去思考比自己更重要的事物,去感謝每天的美景。

我相信,當我們花時間思考生命的奧祕,感受恩惠,琢磨我們與他人的聯繫及責任時,我們就會有所學,並且受到啟發繼續學習。我們可以在生活處處找到反思與分享的靈感,以及從反思與分享中學到的事物。無論你在哪找到時間,無論你如何禱告,無論什麼能帶給你靈感,請在你生活中騰出時間進行深度反思。你可能會對自己在思考中發現的大量想法與見解感到驚訝。還有,可以考慮花些時間與人共處,這樣你就能分享自己的發現。

學習反思

- 如果把時間加總起來,你認為自己每週花多少時間進行深度反思,讓想法漫遊或隨心所欲地思考?
- 回想一下當你困在某個問題、挑戰或複雜想法中,而你跳脫出來讓思緒漫遊,答案突然就變得清晰的時刻。你目前能在生活中做點什麼,以發現一些重要事物?
- 你從哪裡獲得靈感、感恩時刻與啟發?

第 14 章
不自我膨脹,也不自我貶抑

我的妻子溫蒂,有種非常不著痕跡的方式讓我知道自己何時做得太過分。她會深情款款地對我說,「你又不是這裡的執行長。」

從我們關係的一開始,這事實就顯而易見。

當我和她第一次在大學認識,我認為她是校園裡最漂亮的女孩。我遠遠地暗戀了她三年,這心事只敢跟朋友說。最後,在我們大四那年的一個晚上,在當地的酒吧裡,她注意到了我可能毫不掩飾的目光,於是在酒吧裡大喊,「嘿,諾瓦克,你到底什麼時候才有勇氣約我出去?」

不到一年,我們就結婚了。

她無疑是我的共同執行長。沒有她,我不可能在事業與生活中取得今日的成就。她特別擅長讓我保持該有的樣子──不讓我的自我過於膨脹,也不讓我的自尊受到過度打擊。例如,當我在 2012 年獲《執行長雜誌》(Chief Executive Magazine）評為年度最佳執行長時，我感到無比自豪，因為這是同行授與的榮譽（由其他執行長從提名名單中投票選出）。我獲邀參加一場晚宴，並在會上發表演講。當我們走進會場，一下被過去獲獎者的照片包圍——英特爾的葛洛夫（Andy Grove）、西南航空的凱勒（Herb Keller）、漢威（Honeywell）的包熙迪等。溫蒂掃了一眼那些商業巨頭的照片，問道，「你究竟來這裡做什麼？」

我們倆都大笑起來。「我也在問自己同樣的問題，」我說。

溫蒂並非認為我不應該得到一些認可，而是對會場中所有令人景仰的經營奇才的誠實反應，尤其與我們來自的地方相比，更是如此。那一刻成為我演講的開場白，博得全場喝采。

擺脫自負，心懷謙遜

我了解到，最優秀的領導者與主動學習者，都是自信與謙虛的神奇結合。自信很重要，因為唯有人們相信你知道目的地在哪，而且知道如何抵達，才會追隨你。然而，如果這種自信沒有被謙虛調和，就會變成傲慢。那是溫蒂給我的禮物。她增強了我的信心，並在情況需要時提醒我謙虛。這幫助我在人生的起起落落中不斷學習。

謙虛就是認識到你無法獨自完成一件事，不論這件事是什麼。這可能源於你就是做不到，或是你一個人做沒那麼充實有趣。沒有巨大成功是你能一人獨力造就的，這就是主動學習者

用「我們」而非「我」來思考的原因。當你用這樣的角度看世界時，就會對周遭人的想法、觀點與經驗敞開心扉。

自信就是預期你能用某種方式找到獲勝之道。這種預期來自經驗與學習，但「某種方式」幾乎總是取決於一個團隊，無論是你的同事、下屬，或是家人與朋友。我認為，如果沒有謙虛，幾乎不可能有真正的自信。

自信與謙虛結合，會讓你對現狀產生一種健康的不滿足，從而驅使你去學習與成長。領導力教練史蒂芬・克萊米奇與神經心理學家瑪拉・克萊米奇在《超越界線》一書中，闡述四個解釋人類行為的普遍原則。他們的模型是基於深入的心理學研究與數十年的測試與改進。在這裡，自尊驅動的驕傲（你可以稱之為傲慢）與勇敢的謙虛是對立的，它們有相反的目標。自尊驅動的驕傲推動個人提升，勇敢的謙虛促進個人成長。

當我們謙虛，就會「向任何人或任何經驗學習的機會敞開大門。我們不害怕嘗試新事物或實現目標的新方法，也不畏懼承認我們有所不知或需要幫助。」[1] 他們研究中與謙虛有關的其他行為，尤其是真誠與成就導向的行為，是我們視為自信的行為類型，這顯示謙虛與自信其實是一體兩面。

隨著事業發展與經驗及專業知識的累積，你將面臨一個選擇。正如我的朋友與董事會成員溫伯格所描述的，你若不成長，就會膨脹。自我膨脹的人不可能成為主動學習者，因為他們不相信自己有很多可學。他們認為自己有所有需要的答案，或有能力想出這些答案。這種想法不會產生真正的自信，而會

滋生恐懼，因為一切責任都在你身上。

目標百貨執行長康奈爾（Brian Cornell）會在他的團隊透過「代詞切換」來尋求謙遜。「我一直相信，在我從事的業務中，當代詞變化，好事就會發生……當我聽到有人說，『康奈爾說我們必須這麼做』時，我只是搖搖頭。」他不認為這代表自己聰明或受人尊敬，而是顯示員工對這個想法或計畫沒有歸屬感，不覺得被授權，也不相信這計畫的價值。

「但當我聽到代詞切換，變成『這是我們要做的，那是我們的信念，那是我們的策略，那是我們的計畫』時，神奇的事就會發生。」偉大的成果開始實現。這是有證據的。研究人員發現，執行長在致股東信中使用更多「我們」一詞的公司，其資產報酬率更高。[2]

想要長期保持你的謙遜，可以把注意力放在「我們」上。**唯有透過他人的貢獻，你才能學習、成長，並衝過終點線。**迪克體育用品公司（Dick's Sporting Goods）執行長霍巴特（Lauren Hobart）像是天生明白這一點。在我們談話中，她把每個關於自己成就的討論都回歸到團隊上。

當我請她談談迪克電子商務平台的成功之處時，她說，「首先，這並非我一個人的功勞。早在我來到迪克的許多年前，就有一個龐大的團隊建立起迪克的技術與電子商務。」當我問她公司的創意如何產生時，她回答，「我們從門市經理那邊得到大量靈感與創意，我和斯塔克（Ed Stack，創辦人暨董事長）及整個領導團隊巡店的時間，比我所知道任何一家公司

都要多……我們會檢查環境、了解門市整體情況,但我們最主要的目的是聽取門市對機會的看法。我們一些最棒的點子就是來自門市。」

我們透過改善生活諾瓦克家族基金會所做的工作也是如此。我們非常關注與我們合作的人、領導我們計畫的人,以及在第一線執行的人。例如,密蘇里大學諾瓦克領導力研究所在2016年成立以來,達菲(Margaret Duffy)一直擔任研究所的執行董事。我時常對她說,我們之所以有信心建立這個研究所,是知道我們有個能圓滿完成任務的領導者。她的想法是把我在百勝餐飲開發並完善的「動心領導學」課程轉變為一個有十二學分認證的大學生領導課程,這想法非常寶貴。她為大一學生設立一個特別的校長課程(幫助他們成為大學裡更好的領導者)。她發展了重要合作夥伴關係,為學生提供現實世界的專業經驗。每次我與密蘇里大學校長崔孟(Mun Choi)見面談到這個研究所時,我都讓他知道,這課程成功絕大部分是達菲的功勞。

在商界曾有一段時間,把「不按我的方式行事,就走人」(my way or the highway)這種自以為是的態度,視為通往成功的道路。這是個過時的想法,而且可能永遠不會奏效。這樣的人幾乎總是很早就走下坡,自己痛苦,也讓別人難受。他們能完成的事項有限,因為他們不是有效學習者。

當我在廣告代理商被擢升去負責菲多利這個客戶時,我只有29歲。老闆送我去向拜勒姆(Jack Byrum)學習如何表現得

更成熟自信,拜勒姆是一位形象教練,客戶包括著名《今夜秀》主持人卡森(Johnny Carson)與其他名人。我從拜勒姆身上學到最重要的東西,與過時的領導觀相反:「**不要高看,也不要低看。永遠保持平視,**」他告訴我,意思是無論你的地位、年齡、經歷為何,你都不比別人好,也不比別人差。

拜勒姆認為要塑造一個強大的「主要人物」形象,但如果你的自我意識過於強大,沒有人會認為你是個可靠的領導者。現今當我遇到年輕人時,我喜歡他們直視我的眼睛,告訴我他們想說的話,而非他們認為我想聽的話。

學習說「我不知道」

當談到學習謙遜,另一個要養成的重要習慣是說「我不知道」,我在寫如何向比你內行的人學習時曾有著墨。伍登(John Wooden)教練時常談論這個習慣。例如,當他延攬賈霸(Kareem Abdul-Jabbar)時,從未指導過一個 218 公分、身高超級高的球員。他意識到自己的不足,於是去找那些特別高的球員,如張伯倫(Wilt Chamberlain),來看看他們是如何被訓練的。伍登找到這些球員的教練,研究出最適當的訓練方法。我很幸運認識伍登,因為我們一個加盟商與好朋友謝爾德雷克(Eddie Sheldrake)曾為他打過籃球。我在伍登簡樸的家中與他共度的那個早晨,是我一生中最讓人神往的時光之一。他似乎毫不費力就流露出智慧,但又無比謙遜與慷慨。

2020 年初新冠肺炎的爆發,讓我們大部分人不得不承認自

己「不知道」。我們不知道接下來會發生什麼,我們向公衛專家尋求指引。但問題是,他們其實也沒有頭緒。這是一種新病毒,公衛專家正在對病毒的行為做出有根據的推估。醫療保健領域的領導者處境尤其艱難。

世界知名的費城兒童醫院(Children's Hospital of Philadelphia)執行長貝爾(Madeline Bell)告訴我,「在危機時刻⋯⋯我們有時不得不發展新的肌肉。」她必須發展的新肌肉,是心安理得地說出「我不知道」。她一直覺得,身為執行長,自己必須對每種情況都有答案。隨著新冠肺炎蔓延,醫院面臨財務危機,無所不知是不可能的。

在混亂中幫助她領導的啟示是,人們不需要她無所不知,他們只需要了解找答案有其過程。坦誠溝通與傾聽是她的常用工具,但更重要的是將決策權下放給領導團隊。這些都是有才能的人,他們更了解自己部門與團隊發生的事。他們比她更清楚,自己需要在危機期間迅速做出反應。掌握所有的決策權只會讓危機變得更加嚴重。只有在她謙虛的態度下,領導團隊才能保持彈性,接納各種想法與可能性,同時積極學習。

許多人地位一提高就開始自我陶醉,但史密斯(Nathan Smith)避開了這個自負陷阱。每年我都參加在佛羅里達舉行的全國中青年高爾夫錦標賽(National Senior-Junior Championship)。我是中年高爾夫球手,史密斯是我的青年夥伴。他是一位優秀的業餘選手,參加過四次大師賽,四度贏得美國中年業餘錦標賽(US Mid-Amateur),而且是 2025 年沃克盃(Walker

Cup，美國、英國與愛爾蘭間的業餘比賽）美國隊的隊長。他顯然是個比我更出色、更有成就的球員。但是當我們合作，而我打了一記壞球後，他會說，「沒事的，夥伴，沒問題的。」他使我安心，讓我知道有他作為後盾。他把自我意識放一邊，強調了我們作為團隊的能力。

最後，管理大師雷斯（Tom Rath）與麥斯威爾（John Maxwell）說過這句話。牧師沃倫（Rick Warren）與演員克林伊斯威特（Clint Eastwood）說過這句話。古一大師（Ancient One）甚至對漫威的奇異博士說過這句話，她稱之為「最簡單與最重要的一課。」

切莫自大。

如果你能學到這一課，就有能力學到任何東西。

學習謙虛與自信

- 想想你最近完成的一些事，誰幫助你做到？他們的貢獻為何？
- 你是否曾讓自尊阻礙了好點子或學習機會？那是什麼感覺？結果如何？
- 你人生中遭遇的什麼經歷、情況或人，讓你保持踏實與理性？誰會告訴你「你不是這裡的執行長？」

第 15 章
掃除敝帚自珍的成見

我曾經為一位喜歡聲稱與別人有同樣想法的領導者工作。當某人說,「我們可以做 X、Y、Z 來降低成本。」他會回答,「你知道嗎,今天早上我開車來時,也在想同樣的事。」或是,我在週一走進他的辦公室說,「如果我們做 A、B 與 C,這宣傳活動可以更有效果。」他會說,「我週末打高爾夫球時,也在想同樣的事。」

持平而論,我帶著很多想法來找他,所以或許有些想法確實重疊。但當某件事成為辦公室長期的笑談時,你就知道有問題了。當團隊成員在茶水間談論週末或假期計畫,就會有人說,「你知道嗎,我也在想同樣的事。」結果,引來許多人大笑。

我相信向上管理(以及向下管理與橫向管理),我認為這位主管需要聽到真相,因為他的做法已經開始影響士氣,侵蝕對他的尊重。我知道這習慣是來自缺乏安全感,所以我從真誠

的讚美開始。我告訴他:「你是位卓越的領導者,而且聰明。你勝任這個職位是無庸置疑的。」然後我說:「然而,你不可能一直跟我們有一樣的想法。讚美別人的點子是很重要的,這樣人們才會持續分享。我相信如果你這麼做,會獲得更多創意,我們的團隊也會更成功。」

這個說法奏效了。他停止了這個習慣,變得更有效能,人們喜歡為他工作,茶水間的笑話也停止了。大多數絕佳的想法早已存在,不是在實踐中,就是在某人的腦中。這就是為什麼本書的第一篇是「向每個人學習」。如果你想鼓勵別人主動與你分享想法與見解,你必須展示自己樂於接納,願意分享功勞,甚至完全歸功於他們。**主動學習者樂於讚美別人的想法。因為當他們這麼做,更多好點子就會出現**,這加速了他們的學習,同時擴大了各種可能性。

歸功他人,樂於表揚

在百勝餐飲集團,我們的文化建立在有意義的表揚上:**表揚並讚美你想促進的行為,你就會得到更多**。我們想促進的一項行為是知識共享。在我們這樣大型的跨國公司,優秀想法隨處可見,但可能不會傳播到所有地方。如果我們能找到最棒的點子,並在全公司分享,就能幫助所有餐廳改善。分享最佳做法的領導者能獲得高額獎金,我們還會把這項做法告訴整個公司。澳洲的肯德基團隊比其他國家打造了更多創新產品,像是去骨魚片、雞肉串與綜合大盒餐(Variety Big Box Meal),所有

這些點子都被廣泛應用。我們歸功於團隊成員，因此他們會不斷創新並分享自己的想法。這激發了每個人的潛力。

不過，僅僅因為人們分享一個好主意，並不代表其他人就會採用。人們拒絕出色的想法，往往因為那不是他們想的。這些點子「非我發明」。我們經常看到這個狀況，優秀想法往往會遭遇「那可能對她有用，但對我沒用」或「我知道我在做什麼」的反應。

我想破除「非我發明」的想法，讓人們自問，「如果這對他們有用，為什麼不能對我們有用？」所以，我們也會給那些成功改良並執行其他分店新點子的團隊頒發高額的獎金。隨著優良想法與想法的執行改善獲得表揚與獎金，人人都想成為知識建構者，這為公司創造巨大的積極影響。

即使我們不同意某人全部的觀點，也能讚美那些部分同意的觀點。我之前多次提及的文化導師孫恩教會我「欣賞……更有效」的技巧：從分享你對一個人想法的欣賞開始 —— 你認為什麼有用，或什麼特別有創意或有幫助。藉由讚揚好的部分，你可以降低對方的防禦，並為一個讓想法更有效的成功對話奠定基礎。當百勝餐飲領導團隊成員提出一個新想法，我們一桌人會先輪流發表自己欣賞的部分，然後才討論如何改進。人們喜歡談論自己的點子，所以讓談話聚焦於此，並貢獻你的想法。

在我協助建立百勝餐飲的文化時，已經有個分享功勞做法的絕佳榜樣。在上個世紀 90 年代初，當我在百事可樂工作

時,瓶裝水是飲料生意中成長最快的類別。當時的董事長卡洛維(Wayne Calloway)總是問,「我們何時來做水的生意?」我們不太可能在某個地方發現一口未開發的獨特山泉,所以把重心放在收購一家現行的瓶裝水公司上。但有一天,卡洛維終於提出一個改變一切的犀利大哉問,「為什麼我們不能用自家的裝瓶廠,自己生產瓶裝水呢?」他讓我們意識到,消費者並不在乎水從哪來,他們只關心是否純淨。我們很快想出一種方法來淨化我們在百事裝瓶廠使用的水,進而創造美國排名第一的瓶裝水 Aquafina。

　　關鍵在於:是卡洛維的想法與堅持促使我們從事瓶裝水生意,但他從未要求或得到任何關於 Aquafina 的功勞。他讓我們獲得掌聲。我從卡洛維那裡學到,成功是一種有形資產,領導者用它讓別人自我感覺良好,並幫助整個組織學習與成長。**領導者應該對出錯的事情負責,把成功歸功於下屬。**你在公司的職位愈高,歸功他人就愈重要,尤其當你成為執行長、代表公司的形象時更是如此。

　　人們會把失敗的責任推給你,但也會將勝利歸功於你。當我們在百勝餐廳支持中心成立托兒所時,我因為前瞻的領導獲得許多讚譽。說實話,我知道這做法有遠見也很高興,但我的參與僅止於此。這個想法與執行都來自我們的人資長拜爾萊因(Anne Byerlein),所以我確保人們、尤其是記者的焦點,在她前瞻的領導上。

從肯定別人開始

總有人像我的前任老闆一樣，希望自己攬下提出好點子與成功策略的功勞。當你接手一個新的領導職務時，很容易落入這陷阱。你可能想把焦點集中在前任領導者做不好的地方。這時，你能用科爾（Steve Kerr）的模式加以避免。當科爾從未能奪得 NBA 總冠軍的傑克遜（Mark Jackson）手中接下金州勇士隊教練一職時，他沒有把焦點放在傑克遜沒做的事，或為什麼他覺得傑克遜做的不夠。相反的，他抓住每個機會，稱讚傑克遜建立一支準備好贏球的強大球隊。科爾在他的第一年，就帶領勇士隊奪得總冠軍，這是他們四十年來第一次 —— 他把大部分功勞歸於傑克遜。當我和科爾問起勇士隊領先聯盟、堪稱史上最偉大的傳球戰術時，他想當然耳說，「嗯，我接下了一支擅長傳球的優秀球隊。」

我承認，自己職業生涯的一項遺憾，是對前任領導者的批評，與過於關注團隊的弱點與失敗的想法。當我成為肯德基總裁時，批評之前管理層在推動銷售與和加盟商合作的無能過於嚴苛。但他們的努力讓我接下來做的事更容易完成也更成功，即使是從他們嘗試失敗的事物中學習。

2007 年布萊克（Frank Blake）成為家得寶的執行長，他效法的榜樣也是科爾，而不是我。董事會必須說服他接下這份工作，因為他不認為自己勝任。布萊克是一位律師，沒有任何商品銷售或零售經驗。當他接受這職務後，第一通打的電話是給

他兒子，他兒子正好是家得寶的門市經理。他把這消息告訴兒子，兒子笑了。他以為父親在開玩笑。布萊克說服兒子相信自己沒開玩笑，然後說明自己的第一個挑戰。他必須錄一段影片，在每個門市的休息室播放，給 35 萬名員工收看，但他不知道該說什麼。家得寶績效一直不太出色，士氣低落。他應該傳遞怎樣的訊息才正確？

他的兒子又笑了，說「老爸，祝你好運，」停頓一下後，分享了他的一個聰明方法。「我可以告訴你，我的會議是如何開場。參考我所讀的《從零開始》（Built from Scratch，暫譯）」──這是一本由家得寶創辦人馬庫斯與布蘭克（Arthur Blank）撰寫、充滿洞察力的書，講述他們是如何建立與發展這家公司。在每次會議上，布萊克的兒子都會讚揚那些讓公司從一開始就取得成功的想法與基本原則。

現在其他執行長可能想強調他們會如何立下自己的功勳，他們會改變什麼，他們會如何解決過去領導者沒有解決的問題。但布萊克在給同事的第一則訊息談的是倒金字塔，這也是創辦人書中的一個核心理念。在頂端最寬的地方是顧客，然後是同事，現場支援，最後是公司支援。底端剩下的小三角形是執行長。布萊克發出一個非常明確的訊息，就是最重要的人與最重要的想法和行為來源，是顧客與同事。從那天開始，布萊克找到讚美這些最重要人的方法，這幫助他成功帶領家得寶度過一段困難時期（金融風暴帶來的經濟大衰退，在他上任一年後開始）。

布萊克是我認識最聰明的人之一，但我總是告訴人們，要成為一位執行長不必這麼聰明。你只要頭腦好到能從聰明人身上發現好點子即可。

我把從布萊克身上學到的經驗，應用在我們建立家族基金會的過程上。當我請女兒芭特勒擔任執行董事時，我希望她能找到自己前進的方向，認同作為基金會領導者的身分，並對自己的能力與選擇充滿信心。我希望任何與基金會互動的人，都能看到我對她想法與能力閃耀的信心。

我唯一的方法，就是確保自己不要留下過於巨大的影子。我必須讚美她的想法，而不是一有機會就用自己的想法加以推翻。藉由克制我的熱情及自我意識，我為她創造了可以完成大事的空間。當然，我大力讚揚她的想法，但盡量不著痕跡。當人們想和我聊基金會時，我會立刻把話題轉到芭特勒身上，或讓他們和她談。現在人們知道第一個要找的人是她，因為她是我們在幼兒教育、路易斯維爾「敢於關心」（Dare to Care）食物銀行，與溫蒂諾瓦克糖尿病研究所背後的驅動力。

要記得，人們一生中總有各種絕妙的想法。傾聽與提出好問題很重要，但如果我們讚美人們的想法，並歸功於他們，就能鼓勵他們不斷創新與分享 —— 然後我們就能一起學到更多。分享功勞是合作不可或缺的關鍵。

學習讚揚他人的想法

- 你是否曾感覺身邊的人隱藏自己最好的想法?如果是這樣,你覺得可能原因為何?
- 你是否總是對別人的想法與貢獻給予足夠的肯定?你是怎麼做的?
- 今天你會讚美誰的想法或貢獻?這會對他們的感受與行為產生什麼影響?

第 16 章
把人聚在一起

我一直都是個 Y 理論領導者。早在 1960 年，麻省理工學院（MIT）管理學教授麥葛瑞格（Douglas McGregor）就在著作《企業的人性面》（The Human Side of Enterprise）中描述兩種對人類行為的不同領導觀。服膺 X 理論的人認為，員工必須被威逼、控制與脅迫才會做好工作或負起責任。認同 Y 理論的人相信，如果員工得到應有的待遇，往往是有創意、有獨到想法，而且願意承擔責任。

我相信經營一個組織的前提是，99.9% 的人想要把工作做好，而非只求差勁或平庸的成果。我相信人們的積極意圖。

主動學習者了解信任的力量，並利用信任來學得更多、更快。相信善意可以幫助我們克服固有的防禦，以開放的心胸傾聽意見。這麼做可以幫助我們克服對不同陣營人的偏見，而偏見往往源於我們自己編造的故事。當我們跳脫這種思維方式，我們就更能合作，且能更迅速地採取更好的行動。

但這種信任並非總會自然產生。我們對環境中的威脅過於警覺，也太容易從負面角度來詮釋人們的行為，尤其當存在一個長期的問題或衝突時更是如此。我不想讓你覺得我天真，也不想看起來像個盲目樂觀的人。我人生中最失望的不是生意失敗或想法砸鍋——而是那些辜負我信任的人。但我知道，從信任的立場出發還是值得的。

從零開始建立信任

1994 年，百事公司董事長卡洛維問我是否願意擔任肯德基總裁（當時我是百事可樂飲料部門的營運長）。我假裝需要點時間和家人商量，但明白自己一定會答應。我知道溫蒂會支持我的決定。我等不及要開始行動。

當我接下這項職務，接到的電話卻是慰問多於祝賀。卡洛維請我接手這項工作，是因為我在幫助虧損企業扭轉頹勢上擁有聲譽，而肯德基在百事公司旗下一直苦苦掙扎。它從未達成自己的商業計畫，而且七年沒有實現同店業績成長。

肯德基已經成為百事公司高階主管的墳場。對擁有 70% 肯德基餐廳的加盟商而言，母公司被視為一群不喜歡炸雞的局外人，也不相信肯德基能打敗競爭對手。加盟商在行銷上也擁有主要決定權，意味著他們控制了從廣告到新產品的一切，而他們也時常集體對我們投反對票。當時彼此間的信任是如此薄弱，加盟商甚至就地域經營權控告我們。

我接手的是一家走下坡的企業,還有一個問題叢生的加盟商體系公然與我們作對。

我週一開始在肯德基工作。我們在那個週三安排了一場與體系內最佳加盟商的會議。各部門領導人都勸我取消會議。「喔,不,」我說,「我等不及要會見這些人。」即使我做的只是當面說明我期待與他們合作,我還是要召開這場會議。

在那個週三,我說的第一件事是,「我想讓你們知道一件事:我愛肯德基」,因為這是真的。然後我說,「聽著,我不了解這個產業,但我要扎扎實實學一回。我要去了解第一線員工在想什麼,我要傾聽顧客的意見,然後我要和你們分享我了解到的東西。之後我會問你們如何解決那些問題。我們要一起制定一項計畫來扭轉業務頹勢。」

這是一群難纏的人,我知道無論我說什麼,他們都只關注合約問題。所以我補充說,「我知道有合約問題,但我們無法藉由爭鋒相對來改善營運。如果我們無法合作,就沒生意可做。在改善營運前,我不打算談合約,所以提都別提。」

我們在不到一年的時間讓業務轉虧為盈,很大程度是因為我們先擴大了彼此的信任。我們將加盟商聚集進來,而非排除捨棄,因為認為他們不只有刻薄言論與挑釁行為。這讓他們以信任回報。**在任何關係裡,無論是商業或個人,總有一些人需要付出更多信任或先給予信任,才能打破慣性,建立正面的動力。**

當你發現很難克服憤世嫉俗心態或改變態度時,我使用的

策略，你也可以用，就是把注意力放在共同目標上。當你花更多時間思考你與另一個人或團體的相似處，而非相異處，就能避免把其他團體視為威脅的自然傾向。

我開始藉由「衝擊體制」（shocking the system）來改變每個在總部工作的人的態度，這代表顛覆所有原來的傳統觀念或主流態度，打開他們的耳朵。我向總部大樓內的所有人宣布，「長久以來，我們一直討厭加盟商，這想法正在扼殺我們。從現在開始，我們要愛加盟商。我們要愛得不得了。我們要想與他們共事，想要向他們學習，要讓他們感受熱情。為什麼？因為我們別無選擇。」我把我們看做一個大的自己人團體，有一長串共同目標，所有人都依賴彼此來獲得成功。

此外，加盟商是企業家，他們許多人白手起家，後來成為百萬富翁，他們擁有經營穩健的公司，管理超過一百家餐廳。如果我們不聽他們的意見，不向他們學習，不信任他們，那我們就是瘋了。但首先，我們必須停止把他們視為敵人。儘管內部有投票集團，儘管有官司，但我們必須相信他們與他們的意圖。

信任彼此，讓整體利益最大化

那時我有足夠的領導經驗，明白信任的力量。柯維（Stephen M. R. Covey）稱之為「高效信任力」（the speed of trust），這也是他的暢銷書書名，因為當一個環境的信任度很高時，一切都運作得很快。柯維告訴我，他在擔任柯維領導力中心

（Covey Leadership Center）執行長的早期就有這個發現，這家公司是他父親史蒂芬・柯維（Stephen R. Covey）建立的。這家公司正在與兩家供應商合作生產一種產品。其中一家供應商是高度信任的合作夥伴，與它們的合作事項都進行得快速又順利。另一家信任度低，就需要額外的會議、流程與檢查。柯維開始從「信任即速度」的角度來看這個世界。最終他藉由研究證實了這一點，並成為公司建立信任課程的核心。

我們與加盟商的情況就是完美的坊間證明。

重要計畫的進展比蝸牛還慢，這情況必須改變。財務人員說，是新產品讓肯德基轉虧為盈。但我認為是人類精神勝利造就的，因為只有當我們互相信任、攜手合作時，才開始產生或發現新產品的想法。

以雞柳為例──我們最初稱之為脆條（Crispy Strips）。研發部門不知道如何把這類產品推到全國，在當時，似乎所有速食店都有一些雞柳產品，除了以炸雞聞名的我們。我在肯德基工作七個月後，得知阿肯色州有家加盟商賣脆條，該店營業額因而成長 9%。

連鎖餐廳重視熟悉度與一致性。對加盟商而言，開發自己的產品往往是個巨大的禁忌。在過去，在我努力建立信任與合作前，我敢肯定加盟商絕不會告訴我們他做了什麼，如果我們自己發現，會過去把他像蟲一樣踩扁，因為他未經允許擅自改變產品。

現在不同了，我派總部的行銷與研發團隊去看他是怎麼做

的。他帶團隊去見供應商，供應商展示了可以如何在全國推出同樣的產品。這項洞察演進成自肯德基創辦人的原始配方以來，推出最成功的新產品。我們向加盟商傳達了這樣的訊息：我們相信他們的意圖，他們也可以相信我們的意圖——我們只想支持最好、最成功的想法。這是嶄新的一天！

在那之後不久，我們解決了合約的問題。我們給了加盟商想要的每家餐廳方圓 1.5 英里（約 2.4 公里）範圍的獨家經營權，而我們有權雇用及解雇廣告代理商，這給了我們更多的行銷控制權。因為我們學會信任，一場持續近十年的爭端很快就落幕了。

建立信任會帶來巨大的回報，尤其在團隊或組織內部更是如此。這創造了心理安全的環境。哈佛商學院教授、《心理安全感的力量》（The Fearless Organization）作者艾德蒙森（Amy Edmondson）認為，心理安全環境是信賴與尊重的混合體。她的研究證明，**在致力消除恐懼的公司裡，員工更可能暢所欲言、分享想法、說真話、創新，並互相學習**。他們會盡自己最大的努力，來達成整體的利益。

理查茲（Brad Richards）是兩屆史坦利盃冠軍（坦帕灣閃電隊與芝加哥黑鷹隊）與季後賽 MVP，他談到信任對他的球隊在高壓、聚光燈下的季後賽取得成功有多重要。有時，冰上曲棍球的一線球員（最頂尖的球員）狀態不佳，此時，教練會換上二線、甚至三線的球員。對這些球員而言，這是件大事。他們在重大賽事不一定有上場機會。

在安全感不足的團隊，這些時刻會導致怨恨或嫉妒。一線球員不想分享聚光燈、不想被團隊其他人超越，二線球員在冰上力求表現，也無法促成良好的團隊合作。在成功的球隊中，每個人都相信所有隊員做的都是對球隊最有利的事。他們都相信，想要贏得勝利，必須派出當下最好的陣容。他們相信彼此的正面意圖，所以能提供真誠的支持與鼓勵。然後，一起獲勝。

我的 Podcast 節目也是建立在信任與安全感的基礎上。我的大多數來賓都是上市公司的執行長，有些人幾乎不曾同意過受訪。波音公司執行長卡爾霍恩（Dave Calhoun）第一個上的 Podcast，就是我主持的節目。他被聘為執行長，帶領公司度過兩架 737 飛機墜毀造成 346 人死亡後面臨的危機。公司正在接受調查，企業文化也陷入困境，他想扭轉公司頹勢有許多工作要做。但他上我的 Podcast 節目，是因為信任我。來賓知道，我不會引導他們說錯話，也不會採取誘導式的採訪策略。也就是說，我會公正地請他們談談目前艱難的情況，因為這是他們可以對聽眾分享一些重要學習的時刻。信任與安全感讓人願意顯露脆弱的一面，這也是我們的對話很有感染力的原因。

相信善意

對我們而言，相信善意很重要，但若想讓別人相信我們的意圖，我們需要相應的行動。我們必須建立信任的泉源，正如柯維闡述的，一個重要因素就是**誠信**。

例如,當我們有了在密蘇里大學建立諾瓦克領導力研究所的願景,並承諾提供大筆捐款時,學校承諾建造一座永久的專屬建築——一個稱為諾瓦克領導力研究所的全新服務中心。我們覺得這座新建築能給研究所更高的正統性,展示大學對領導力教育的投入,並成為吸引學生的競爭優勢。

多年後,這棟建築仍然不存在。新冠肺炎疫情、不斷上漲的建築成本與供應鏈問題加總阻礙了進展。我可以因為承諾未被履行而憤怒。我可以跺腳甚至提出威脅。或者,我可以在目前進行工作的指引下、在達菲的優秀領導下、在學校其他形式的支持下,相信最終一切都會實現。大學的領導者已經建立了信任泉源,因此我有信心,在朝著這個目標努力的過程中,我們會持續合作,學習新的方法,讓研究所成為我們想要的樣子。

當有人犯了錯或沒有履行承諾時,我們的信任就會受到考驗。但字典有「無心之過」一詞是有理由的。假定別人心懷惡意,會讓我們遠離可能性與正面體驗。獲獎無數的創作型鄉村歌手丘奇(Eric Church)就曾在一個大型體育館有此體會。

每次演出,丘奇都會降下一面代表該州或該國、和舞台一樣寬的巨大旗幟。有天晚上他來拜訪我,說起在德州的一場演出,不知為何州旗被倒掛了。

突然人群開始噓聲四起、罵髒話,他不知道為什麼。當丘奇了解到發生什麼事時,他立刻向觀眾道歉,表示會處理好旗幟問題,並補償觀眾。

我們討論了觀眾的反應。我很想知道有多少人認為這是某人犯下的無心之過？又有多少人認為這錯誤是針對自己，並對他們花錢來看的藝人發起攻擊？老實說，丘奇與團隊為什麼要激怒成千上萬的粉絲呢？

我們都是平凡人。我們都會發脾氣，或沒把微妙情況處理好，或沒有表現出應有的同理心，或做出錯誤判斷。當我們蒙受委屈，如果能深呼吸、找到一些同理心，並相信對方懷抱善意只是沒有顯現，我們就能避免思想交流、學習與合作的全面中斷。

༄ · ༃

最近我讀到一個關於信任的與眾不同定義：「信任是一種依賴關係。」[1]當我們想要學習、成長與拓展自己的可能性時，不都是互相依賴嗎？我們可以選擇支持這種關係，也可以選擇摧毀它。如果我們選了後者，只會限制自己。如果我們選擇前者，就有無限的可能性。

學習相信善意

- 你天生就是 X 理論領導者還是 Y 理論領導者？如果你信奉 X 理論，你認為員工將不會在沒有嚴格監督下認真做好工作，你的團隊或公司有什麼證據能說服你改變這種想法？
- 你是否曾經因為不相信某人而輕視他的想法，但後來發現這想法很棒？你的不信任是有根據的嗎？
- 在你現在的生活中，信任問題是否減緩了你的學習或成長？你能先付出信任嗎？要怎麼做？

Part Three
邊做邊學

經驗是萬物之師。
——凱撒大帝（Julius Caesar）

第 17 章

選擇做快樂的事

在我四十出頭的時候,面臨一個艱難的決定。那是1997年,我擔任肯德基總裁的第三年,我們和加盟商一起扭轉了公司的頹勢。就在這時,百事公司董事長恩里科告訴我,他希望我擔任零食部門菲多利的總裁。

這是一個帶領公司更大、更有聲望部門的絕佳機會。(百事公司有三個核心部門:飲料、零食與餐廳。)我已經在另外兩個部門擔任過領導職務,從邏輯上看,到第三個部門待一段時間,是爬上公司最高職位的必經之路。但我婉拒了。這絕對是我做過最正確的決定。

我對自己有個重要的了解。我非常喜歡餐廳的工作。我熱愛美食,尤其是創造新配方與新產品的過程,我可以想像顧客與家人一起享用這些產品。我喜歡餐廳的行銷過程與對宣傳活動的即時回饋。我愛這裡的人、第一線員工,以及顧客,他們總讓我想起我的父母。

了解自己這一點，讓我能追求真正讓自己快樂的事物，而非盲目遵循預期的道路，我在職業生涯中多次這麼做過。在追求我隨著時間轉變的快樂泉源時，我全心投入、精神抖擻，對手上做的事充滿興趣。因為渴望學習，我學到更多。所有這些學習都增加了我的機會。

在我婉拒菲多利職位不久後，百事公司宣布一項計畫，把餐廳部門分拆為一家新的上市公司。我留在餐廳部門的決定，讓我後來有機會成為百勝餐飲集團的執行長，這是我能想像最棒的工作，也是我有幸能從事十七年的工作。

正向情緒提升學習成效

主動學習者知道，**當我們擁有更正面的情緒時，我們會學得更好**。在〈快樂教育的神經科學〉(The Neuroscience of Joyful Education) 一文中，神經學家、教師及作家威利斯 (Judy Willis) 對支持這觀點的研究進行了分析：「事實是，當教室欠缺歡樂與舒適，學生就無法有效地處理資訊與儲存長期記憶。」[1] 當我們全心投入並充滿動力，在學習過程中獲得快樂時，我們腦中會產生積極的神經化學物質，像是多巴胺與血清素。它們能幫助資訊在大腦更自由地流動，並提高記憶力。當我們學得更多，就能建立更好的連結（模式思考），所學能記得更久，進而帶來更多突破。

這是第三篇「邊做邊學」的第一章，**最好的起點是從「做**

讓你快樂的事」來學習。當你從那裡開始，其他學習都會變得更容易。

卡瓦略（Alberto Carvalho）曾擔任邁阿密－戴德（Miami-Dade）公立學校系統的督導，現在是洛杉磯公立學校系統的督導，他告訴我，「我從未遇過任何人在自己不擅長且不熱愛的事物上，獲得巨大的成功。專長與熱情是無可匹敵的。」他對學習的熱愛與對教育改變人生的信念，幫助他徹底改變了邁阿密－戴德學區，也讓他在政治與社區事務上有所作為，尤其是幫助了一些最弱勢的學生與家庭。

如果這項工作沒有帶給卡瓦略這麼多快樂，他不會如此積極，他領導的學區也不會進入如此強大的學習歷程。

赫利希（Ed Herlihy）告訴我，**工作中的快樂也會培養你的韌性與職業道德**，而這兩者都能促進學習。你愈投入就會愈願意學習，即使是最困難的事物也不例外。赫利希對此了然於心。他是一位傳奇的併購律師，代表捲入收購戰的公司或是瀕臨倒閉的組織。

2008年，美國財政部長鮑爾森（Hank Paulson）請赫利希協助財政部找出應對住房與財政危機的方法。赫利希協助促成了美國政府對兩家房貸巨頭房利美（Fannie Mae）與房地美（Freddie Mac）的強制收購，這是有史以來規模最大的一次收購。（兩者之後被美國政府接收監管。）「我們不得不重組非常複雜的財務安排，」赫利希告訴我。「於是我開始為期六個月的全天候工作。我從來沒有休息過一天。」

在那六個月裡,赫利希從協助財政部轉而代表美國銀行(Bank of America)來收購美林證券(Merrill Lynch)。然後,他協助富國銀行(Wells Fargo)讓花旗集團與美聯銀行(Wachovia)的交易破局,從而收購美聯銀行。「我花了六個月時間處理這些交易,然後花六個月時間來恢復。」

「我們這樣的工作,不是全心投入,就是完全退出,」他說。

當我們交談時,赫利希還在隨時待命,一天二十四小時,而且已經有八個月,因為交易複雜且保密,他無法和我說太多。但對他而言,這些無止盡密集學習與行動的時間一晃而過。赫利希最後說道:「我熱愛律師事務所。我對律師工作充滿熱情……它一直讓我鬥志高昂。」

重塑阻礙你快樂的工作

快樂是我們目標、熱情與使命的泉源,也是最令人享受的學習途徑。

當然,你要知道在生活與工作的哪裡能找到快樂,才有辦法追求快樂。很少人會去思考什麼讓自己快樂,除了那些不一定在他們控制範圍的事。當我與運動表現教練戈德史密斯(Jason Goldsmith)一起撰寫《超凡自我》(Take Charge of You)時,我們從一開始就處理這個問題。如果你想指導自己走向成功,你必須知道指導的方向。我建議人們先從自己的經驗中尋

找阻礙快樂的因素（我們比較擅長記住負面事物），然後轉而尋找創造快樂泉源的因素。

試著問問你自己：是什麼阻礙了我的快樂？如果不確定，可以回想一下你最糟糕的日子，或一份讓你沮喪、痛苦或沒有成就感的工作。是什麼讓你這麼心情低落？盡可能回答得愈具體愈好。你想擔任不同職務嗎？有什麼事是你害怕做但又必須做的？是否曾有你共事的人或團隊讓你失望？

我相信你能想到一些例子。我們有時都會討厭自己的工作。不過，即使你能想出一些例子，可能從來沒有深入思考或用邏輯分析過為何自己在特定情況或環境中不開心。

我希望我能從自己的人生中給出一個這類反省的例子，但我很少有這種感覺。我認為大部分主動學習者這類的經驗也不多，至少不會持續很長時間。**當主動學習者發現自己處於一個總是令人不快樂的環境時，他們會想方法脫困，或是很快學會如何繞過阻礙。他們知道如果不這麼做，自己會停滯不前。**他們也知道，一份工作或一個情況沒有達到預期的快樂，並不意味它是錯誤選擇。這只代表他們要想辦法繞過阻礙。

以下是實際應用的情況。大約在我婉拒菲多利工作的七年前，我從必勝客的行銷主管（一份我熱愛的工作），調至百事可樂飲料部門的行銷與銷售執行副總裁。我對這機會感到興奮，但也有疑慮。之前在這職位上的四個人，不是被解雇，就是很快跳槽，這是一個真正的「不升職就離職」的機會。在我上任第一天拿起《華爾街日報》，讀到標題「華瓦克被任命為

百事公司行銷負責人」時,就應該預見未來的跡象。(報紙寫錯我的名字,但我沒有像爸媽那麼生氣。)

　　從一開始,一切就感覺有點不對勁。在必勝客,我很享受與充滿熱情的團隊一起創造令人興奮的新點子,我們一起促成絕佳的計畫實現。但在百事公司,文化根深蒂固,工作環境冷漠,行銷與廣告計畫已經有既定模式。我努力為環境與想法注入樂趣與活力,但效果不佳。百事公司也比必勝客更為階級制,職位愈高,你應該做的就愈少。每天我都聽到,「我們會幫你搞定。」但我不想那樣。

　　這讓我在最初幾個月感受到被迫退出戰場,這是我職業生涯中唯一一次不期待每天早上來上班。但我知道,如果堅持下去,我會找到一個方法讓這職位適合我。我只需要找到繞過阻礙快樂的方法,按照我的方式做事。

　　激浪(Mountain Dew)給了我一個合適的機會。我認為這個品牌的潛力比我們想像的大。當時激浪一貫的行銷指導方針要求採用使人平靜的水形象,像是山中湖泊、流動的溪水。激浪是「鄉村」與「戶外」的。我想建立一個新的形象,無論在哪我都喜歡這麼做,因為那有創造性也有合作性。我想把激浪從鄉村帶到城市,讓它成為主流。但我無法讓百事廣告業務的傳奇負責人、「百事世代」(the Pepsi Generation)之父波塔斯(Alan Pottasch)買帳。

　　因此我繞開了這個系統,找到另一位傳奇人物,BBDO廣告公司負責人杜森貝瑞(Phil Dusenberry),為健怡激浪(Diet

Mountain Dew）做一個宣傳活動，因為沒有人關注它。

杜森貝瑞與團隊打造了一個以「激浪男孩」（the Dew Boys）為特色的活動，標語是「我是過來人，我懂」（Been there, done that）。人們馬上對這句廣告語朗朗上口（創造流行語是每個行銷人員的夢想，直到今日，當我聽到有人這麼說時，我仍然會微笑）。

健怡激浪成為我們成長最快的飲料，所以我們將行動推展到一般的激浪，推出更前衛、更有活力的「大膽做自己」（Do the Dew）廣告宣傳，以極限運動為中心。這宣傳非常成功。我藉著鎖定快樂泉源，避開阻礙快樂的事物，重新回到我的戰場上。

你認為的快樂泉源是什麼？你如何去追求它？想想在你最巔峰的日子或工作──當你感覺特別有目標、強大、樂觀與愉悅的時候，發生了什麼事？你在做什麼？你和誰一起完成？哪些特定的事情讓你感到快樂、興奮或充滿活力？試著回想過去面對阻礙你快樂的例子，然後問，「在那些情況下，怎樣做會讓我比較快樂？」

讓創造快樂成為你的事業

有時候，小事累積成大事，能讓你在職務或生活中找到快樂。薩凡納香蕉（Savannah Bananas）棒球隊老闆柯爾（Jesse Cole）告訴我，他在職業生涯早期就遭逢挑戰。他把全部精力放在升遷──成為總經理、合夥人、老闆。他很心急，同

時,職涯進展沒有帶給他多大快樂。深入反省後他了解到,「我最大的快樂,就是看別人享受生命中最美好的時光,熱愛自己所做的事,並樂在其中,」他告訴我。「與他人分享、教學與同樂能帶給我更多喜悅、更多成功與更多感恩。」這就是他要做的。

薩凡納香蕉就像棒球界的哈林籃球隊（Harlem GlobeTrotters）。他們為球迷準備一場表演,讓球迷協助創作。停車場服務員穿著香蕉服裝。門票是刮刮式的。有遊行樂隊歡迎球迷進入體育場。一壘指導教練會在比賽間隙跳霹靂舞。球隊會在兩局之間表演滑稽短劇。柯爾通常會穿著招牌亮黃色燕尾服,頭戴大禮帽,引導著看台上的歡呼聲。他們會做任何事來確保球迷開心。

這些快樂帶來極大的成功。他們每一季門票都售罄,而且排隊候補的人非常多。

柯爾每天都會給那些對他生活或事業有影響的人寫一封感謝信。他寄給我的感謝信描述了他從我的書中學到什麼,以及他是如何運用這些知識。我非常感動又好奇,很想與他聊一聊。他告訴我,他已經寫了一千多封這樣的感謝信。後來當柯爾接受我的邀請,當我的 Podcast 來賓時,他說,「這給了我喜悅、給了我快樂……也向別人傳達了感激。」

找到你的快樂泉源

追求快樂可以幫助你散播快樂,進而成為一種學習的良性

循環。

當我從事能帶來快樂的工作時,就會產生充滿感染力的熱情,這能幫助我吸引人才,讓我更快學到更多東西。1986年,當我受聘領導必勝客的行銷部門時,情況確實如此。當時必勝客正處於低迷時期,我們需要優秀的想法,良好的合作與頂尖的人才。然而我們總部所在的堪薩斯州威奇托(Wichita)並非商業勝地。不過如果人們覺得自己能成為輝煌成長故事的一份子,任何地方都會願意去。我寫了一份堪稱是業界數一數二的徵才文案。我們從通用磨坊(General Mills)與寶僑(Procter & Gamble)招募員工,並從大城市引進人才。幾乎每個在那部門工作的人都成為超級新星。我想我可以毫不自負地說,我的熱情是他們決定加入的部分原因。如果人們相信自己有機會成長,有機會追求自己的快樂泉源,有個積極正面的環境,他們就會願意加入。

我們打造了經典的「讓它超讚」(Makin' it great)廣告宣傳,這成為我們的戰鬥口號。我們成功推出各種特色披薩——肉多多披薩、起司多多披薩、義式臘腸多多披薩。我們打造了「孩子派對組」,提供一個免費的個人披薩與迷你派對用品包。我們與電影、美國大學體育聯盟(NCAA)籃球錦標賽等進行了合作。我們熱愛自身所做的工作與所處的環境。突然間,我們在週二晚上也有了週末的客流量。我們不斷打破業績紀錄。

「熱愛你所做的事」位居最古老的老生常談之一,是有充

分理由的。這是出類拔萃的必要條件。**如果你不喜歡目前的工作，就必須繼續尋找。**我妹妹蘇珊（Susan）在快五十歲的時候發現，自己對養老院部門主管的工作感到厭倦。她夢想擁有一間自己的服裝精品店，所以有一天，她鼓起勇氣辭去了工作，追隨自己的熱情。她開了自己的店，取名為「姊妹」（Sisters），每天都迫不及待去上班。服裝生意有其挑戰，但蘇珊比過往任何時候都快樂。在挑戰中快樂，勝過在成功中痛苦。她唯一的遺憾是沒有早點做這件事。生命太短暫了，如果有機會，就要做自己熱愛的事，努力追求快樂。

一旦找到你的快樂，盡你所能去抓住它。南茲（Jim Nantz）是榮獲艾美獎的體育評論員，擔任美國哥倫比亞公司（CBS）國家美式足球聯盟、美國大學體育聯盟瘋狂三月（March Madness）與美國職業高爾夫球協會（PGA）大師賽的球評。20世紀90年代，美國廣播公司（ABC）在《早安美國》（Good Morning America）節目有一個職缺，美國廣播公司體育部負責人阿利奇（Roone Arledge）想讓南茲接下這工作。

阿利奇每天都打電話給南茲。南茲則是試著拖延，讓自己有時間好好考慮這個機會。他告訴阿利奇，自己將在一週內從義大利出差回來，但必須立刻飛往洛杉磯做下個工作。「我們可以下星期談嗎？」南茲問。南茲從義大利回國，換了行李，睡了幾個小時，然後出發去機場。當他登上飛機，發現阿利奇就坐在他旁邊的座位上。在六個小時的航程中，阿利奇不斷說服南茲接下這工作。這職位收入更高，出差不那麼頻繁，還有

其他福利。當然，南茲感到很榮幸。但最後，他必須婉拒。「我志不在此，」他告訴我。他熱愛體育，也清楚自己的快樂泉源是什麼，而且他已經找到一份能讓自己保持快樂的工作。

如果你想在一週、一個月或一年的時間裡學到最多東西，那就追求能帶給你快樂的事物。從了解自己開始學習，然後根據你的發現採取行動。你將驚訝於自己竟然走了這麼遠。

透過追求快樂來學習

- 你是否分析過什麼是自己的快樂泉源？如果沒有，現在就抓緊時間去分析。你在不同的工作、角色，或生活各方面熱愛做的事是什麼？請挖掘細節，這些特定的核心要素決定了一切。
- 有什麼事物是你在沒有外界激勵的情況下會自己追求或學習，因為你對它充滿熱情？你是否覺得這個學習過程更容易？
- 你喜歡現在的工作嗎？如果沒有，是否有辦法在這職務中追尋你的快樂泉源？那會是什麼樣子？

第 18 章

不要試圖成為他人

20世紀90年代,當我在百事公司逐步升遷時,萬寶龍（Montblanc）鋼筆是領導者地位的象徵,就像高階主管胸前口袋的徽章。為了讓我自己感覺成為高階主管一員,我買了一支,尤其是因為我沒有其他同事擁有的一些徽章,像是企管碩士學位或常春藤盟校的學歷。幾週後,我忘了把筆套蓋上就放入襯衫口袋。黑色墨水暈開成一個巨大的汙點,毀了我的襯衫。我憤怒地把鋼筆扔到房間的另一頭,筆就摔斷了。

我再也沒買過鋼筆,我把那一刻當做一個信號、一個提醒,提醒我不是那種愛用鋼筆的人。那不是我。

你可能知道王爾德（Oscar Wilde）的一句格言:「做自己吧,其他人都已經有人做了。」（他實際上寫得更憤世嫉俗:「大多數人都從眾。他們想的是別人的觀點,他們模仿別人的生活,他們的熱情也只是引述罷了。」[1]）也許是因為我的背景與潛在的偏見,我一生中大部分時間都在努力做自己 —— 了

解自己是誰，能做出什麼貢獻，相信什麼，以及自己的目標與熱情。如果我不這麼做，就會錯過許多學習機會。

主動學習者知道，當你把焦點放在試圖成為他人而非自己時，特別難學習。你不會敞開心胸或保持好奇，你會升起防禦心態。你會設置屏障，隱藏你的才華。然後你周圍的人也會這樣做。我們大多數人都能感覺到別人的不真誠，這讓我們更不相信他們。

做真實的自己

埃里森是勞氏公司的董事長、總裁暨執行長，也是 20 世紀 90 年代這家公司中為數不多的一位黑人領導者。「公司辦公室幾乎都是同一種人，」他告訴我。「沒有人長得像我。很少人把大部分的職業生涯投注在這領域。也沒有來自南方的人。我環顧四周，然後我確信並感覺整個公司裡沒有一個人和我長得像、想法相似，或擁有類似的背景。」

幾個月後，妻子問他最近還好嗎，因為他看起來壓力很大。埃里森告訴她，工作本身並不難。他知道自己在做什麼，只是他覺得格格不入，也不認為自己能在那種文化中成功。「她看著我說，『就試著做你自己。放輕鬆，就做你自己，看看結果如何。』」她的建議讓埃里森想起父親的話：「我們可能沒有最好的車子，我們可能沒住最好的房子，你可能沒有每天穿最好看的衣服。但永遠記住，在做你自己上，沒人能打敗

你。所以每當你感覺自己沒有得到應得的事物時，就把焦點放在做最好的自己上。」

這是埃里森的頓悟時刻。「我了解到，為了融入，我實際上在做兩份工作。一份是我受僱來做的工作，另一份工作是扮演其他人。其他人只負責一個角色，我卻承擔兩個角色。」於是他改變做法。他還是穿得很專業，但更符合他的個性、文化背景與喜好，而不是試圖跟其他人一樣。不過，這只是表面。重要的變化在於他溝通的內容與方式：

> 當我參加會議，如果我覺得有什麼不符合實地情況，就會提出來，但我會佐以證據，並以建設性的方法提出。然後我想，我是這裡唯一的黑人。我提供一些不同的觀點，可以確保公司對這個消費族群做出正確的決定。我會分享關於黑人社群的想法、掌故與觀點，以及公司做事可以更有效的辦法。
>
> 在我反應過來前，人們就已圍到我身旁。他們想知道我的看法，邀請我加入專案小組與焦點小組，因為我不再和別人一模一樣……他們對我說的話感興趣，因為這些觀點很獨特，讓人耳目一新，而且不常見。我了解到，作為在美國企業工作的黑人，以及經營全球企業的黑人高階主管，跟我相似的人並不多，我能做最好的事，就是表現自己最出色、最真實的一面——用一種漸進式、教育性的方式，把我的獨特

經驗、獨特生活與獨特觀點帶入對話，進而讓公司變得更好。

像埃里森這樣的主動學習者，會藉由了解自己的**獨特價值與天賦**，釐清什麼對自己重要與背後原因，來做真實的自己，之後再利用這些了解來產生積極的影響。

許多研究指出，這種自我價值感會影響我們的學習能力。研究人員發現，自尊自愛、有高度社會及情緒意識，與了解自己優勢的孩子，在課堂上表現更好。我從我們與全球遊戲規則改變者（Global Game Changers）的合作，看到深遠的影響。

全球遊戲規則改變者為小學提供了社會情緒學習的完全免費課程。共同創辦人賀爾森（Jan Helson）的背景是食品製造業。當我問她創立該組織的動機時，她表示，自己看到製造工廠工人接到領班的建設性批評後，出去吃午飯就再也不回來。他們的自尊心如此之低，即使只是指出錯誤或提供一些指導都是他們無法承受的打擊。她了解到，許多從事這些工作的人，在成長過程中可能沒有機會培養良好的自尊心。當他們成為自己公司的員工時，已經失去接受批評與學習所需的能力。於是她與女兒瑞秋（Rachel）合作，一起回答了這問題：我們如何盡早在人生中培養自尊心、同理心與服務心態？

她們的模式立基在根據長處的學習，以及關注他人對我們自身的好處。對於年幼的孩子，他們把這概念巧妙地簡化為：「**我的天賦＋內心＝我的超能力。**」課程很早就教導孩子們**做**

最好的自己,因為這是通往創造改變的途徑,也是主動學習者的特質。他們明白,對環境與人們產生正面影響的最好方法,就是展現他們美好、完整的自我。

當我的女兒、改善生活諾瓦克家族基金會負責人芭特勒得知這個課程時,馬上迫不及待地告訴我。我們立刻決定讓我們的基金會資助它。這組織在學校,特別在貧窮社區所做的工作,已經產生變革性的影響。

一般來說,我們都想做自己,做自己讓我們更快樂,我們能更有貢獻,學習與成長更迅速。但這不意味著這麼做很容易。我們的「攀比文化」,尤其廣播與社群媒體讓我們愈來愈難對抗「應該努力成為他人」的觀念。

汽車地帶(Auto Zone)執行長羅德茲(Bill Rhodes)很幸運,他在成長過程中聽到的是相反的訊息。「我的父母告訴我,『不要崇拜偶像』,」他對我說。「你永遠不會成為最頂尖的運動員,你永遠不會成為最英俊的帥哥,只要做最好的自己即可。所以我每天都會說,『我不想成為別人。』」

建立你的自我覺察

另一大阻礙是不健全的企業文化,它傳遞出一項訊息,即只有某些人才能帶來價值。普華永道對超過 5 萬 2000 人做的一項調查顯示,員工考慮離職最重要的因素之一,是他們能否在工作中做自己 —— 66% 的人表示,這點對他們極端重要或

非常重要。[2] 作為領導者，我會把握機會努力打破企業文化製造的障礙。我知道，**如果我們不互相學習，就不可能成功**，只有在所有人的獨特觀點與才華都融合在一起的情況下，才能實現勝利。

當我在 1994 年成為肯德基的總裁時，歷經了打破障礙的第一次真正考驗。我往返康乃迪克州與肯德基總部所在地肯塔基州的路易斯維爾，這樣溫蒂可以完成她的碩士學位，女兒可以完成她的學年。在我第一次飛往總部時，我既興奮又害怕。很長一段時間以來，我一直想成為「某方面的總裁」，所以你可能會認為我有大把時間來釐清自己想成為哪樣的總裁。事實不然。新工作的繁重使我震驚。我所做的決定、採取的行動，以及每天的表現，會影響到 10 萬名團隊成員的生活。我在飛機上的時間陷入深深的沉思。

百事公司實質上就是我獲得企管碩士的那所大學，有許多卓越的教授供我學習。儘管百事盡了最大努力去改變，但它本質上一直是自上而下的公司。高階管理層有個保持情感距離的傾向，在上司與下屬之間設置了藩籬。

我不是那樣的人。我一直是個有點古怪的人，穿著布魯克斯兄弟（Brooks Brothers）的品牌西裝，但襯衫下擺沒紮進去，萬寶龍鋼筆還漏得襯衫到處都是墨漬。現在我被視為公司文化的代表，但對我而言更重要的是，我是團隊的一員。我是做最終決定的人，但不是像百事公司那樣。不能是那樣，因為那並非我的作風。在意識到這一點後，我就從試圖成為一個理想或

偶像型的總裁中解脫出來。這似乎是一件小事,但對我來說,這是一個啟示,影響了我從那時起所做的一切。

我真的很想贏,但我的想法是,我們在過程中必須獲得樂趣並保持積極正面——獲勝的最佳方式就是保持樂觀,並讓人們對自己的貢獻感到滿意。因為我了解自己這一點,因此馬上做出一些改變,來催生一種重視人與重視表揚的新企業文化。我希望我們認真工作,但對自己能輕鬆些。我想創造一種放鬆、隨意的氛圍,不強調頭銜與階級,鼓勵人們相互合作、支持彼此,並享受箇中樂趣。

我從總部開始著手,把它改名為「餐廳支持中心」,這不像自上而下的做法。(我們是第一家在總部使用這種說法的公司)。這個辦公室建築是一座內戰前風格的豪宅,由肯德基前總裁、後來的肯塔基州州長布朗(John Y. Brown)打造。它看起來像白宮,裡面擺滿昂貴的古董與原創畫作。

我覺得自己是在博物館工作,但不是個有趣的博物館,所以我換掉大部分的古董家具,用員工的照片取代了大部分的藝術品,這是我在參觀西南航空公司時產生的念頭。我們建立了「領導者之路」(Walk of Leaders),這是一個走廊,裡面擺滿我們品牌的歷史圖片與表現傑出員工的照片。

我設立了軟膠雞表揚獎(floppy rubber chicken recognition award),這部分我會在第 27 章詳細介紹。這些變化有助於改變氣氛,但只有當人們把它視為我真正的風格時才會奏效。我在工作時表現真實的自己,因此其他人也會這麼做。這對我

們快速扭轉業務頹勢的能力產生巨大的影響。

要怎樣才能達到那種程度的自覺與理解？每個人的方式不同，但若你讀到這裡，你已經知道方法了。例如，我在第一章分享了為你人生羅列大事年表，並檢視這些事件如何塑造你價值觀的點子。在第二章中，我寫了關於讓你有最佳學習效果環境的分析。在前一章中，我分享了追尋快樂泉源的練習。如果你已對這些練習思考透徹，就會建立起你的自我覺察。

接納並展現真我

一旦有了這個基礎，你要做的就是在當下展現真實的自己，這樣你會感到舒適與樂於接納，當重要的啟示與想法出現時，你就會盡力學習。謝爾曼（Pam Sherman）是一位執行領導力與溝通教練，也是一位經驗豐富的女演員，她利用表演讓這個神奇時刻發生。她創造一項稱為「排練你自己」（Rehearse "You"）的練習。「當我們談論真實與真誠時，排練聽起來有些奇怪，」謝爾曼寫道，「但我們大多數人長期以來一直壓抑著自我的某些方面。我們需要練習把完整的性格帶入生活，這樣我們就能在當下感到舒適與自然。」[3]

試著想像一個你難以表現真實一面的情景。也許是在團隊會議上分享觀點，或是在公共場合發言（我多年來一直有這問題），或是與某人進行艱難的對話——任何讓你想「天啊！我真希望自己說過或做過……」的情況。當你選定一個情景後，問問自己，是什麼情況使你隱藏了自己？然後問，如果做自己

看起來像 X、Y 與 Z（基於你的價值觀、長處與目標），會如何轉變這情況？我這角色會說什麼？我這角色會怎麼做？我的肢體語言會是怎麼樣？最後，下次當你處於這種情況時，試著把你排練過的「角色」演出來。

　　穿戴式健康與健身技術公司 WHOOP 創辦人艾哈邁德（Will Ahmed）告訴我，在遇到要在職務上展現自我的挑戰時，他會求助於冥想。他在創建公司上，來到了一個關鍵的轉折點。WHOOP 已經募到 1000 萬美元的資金，建立了 15 到 20 人的團隊。對許多創業者而言，這是一個困難的成長階段。「我覺得自己不受控制，」艾哈邁德告訴我，「我感覺失去平衡。我覺得有話要說，然後才意識到我已然說出口。」他表示，自己一直處於被動的狀態。「我想也許學習冥想有幫助。冥想的過程非常強大，能讓你從旁觀者角度看自己，而且不只冥想時，在生活的其他時刻也能如此。」他表示，在冥想當中，他聽到有個聲音講述自己等下要做什麼，提醒有跡象顯示他沒有做真實的自己。「對我而言，擁有比自己超前一步而非落後一步的能力，是人生的重大改變。」這一切都源於他更加了解自己、清楚自身的長處與短處，以及自己真正想成為什麼樣的人。

　　我知道現今人人都在談冥想的好處。它逐漸聽起來像顆萬靈丹，能治癒你的任何毛病。你可能認為冥想不適合你。但數十年的研究證明，正念技巧是有效的，所以你可以試著找出一個有助於認清自己，以及如何在不同環境與角色中表現自我的方法。

如果你想讓世界知道你樂於接納新想法與新觀點，就表現真實的自己。努力接納自己的各方面。但有一點要注意：不要以真實為藉口。人生最大的問題之一，就是你太固執於想要捍衛自己，以至於蒙蔽了你獲得更高自我覺察與成長的機會。請把焦點放在你持續成長中能做出的獨特正面影響。這是一條比其他選擇更讓人有成就感的道路，也是成為終身學習者的必要條件。

透過做最好的自己來學習

- 你的長處與才能是什麼？用幾句話描述，在各種不同情況下做自己是什麼樣子。
- 在你現在的生活中，在工作的特定部分與工作外追求的事物，是否能真正發揮出你的長處與才能？在這些情況下，你的學習態度與心態有什麼不同？你的個人成長有什麼不同？
- 你在生活的哪些地方無法做自己，為什麼？你能做什麼以帶來改變呢？

第 19 章

尋求新挑戰

作為改善生活諾瓦克家族基金會負責人,我的女兒芭特勒已經證明她是一位傑出的領導者。她擁有很強的分析能力與創意思考能力,她用這些能力開發並推廣由社區驅動的強大解決方案,以應對許多重大挑戰,像是幼兒教育、飢餓與糖尿病照護。她成功的關鍵之一,是她能克服我們許多人想待在舒適圈的自然傾向。芭特勒了解到要推動自己、或是讓別人輕推她進入未知的領域,你身為主動學習者也能做到。

跳出舒適圈

當百事公司前執行長盧英德同意成為我的 Podcast 來賓時,我想請她談談她的新回憶錄《完整的力量》(My Life in Full)。(如果你對主動學習者的進階課程感興趣,請讀她這本引人入勝的書。)她寫到如何平衡事業與家庭,如何在擔任一

位認真負責的領導者時,同時做一位認真負責的母親。我覺得如果是芭特勒而不是我和盧英德訪談,效果會更好。她們有共同的經驗、價值觀與熱情,尤其在女性領導與改善托兒基礎建設上更是如此。我把我的想法告訴盧英德,她也認為芭特勒的觀點能促成一場精采的對話。

當我問芭特勒是否願意時,她卻斷然拒絕了。她對採訪盧英德的提議感到不自在。她認為,盧英德的經歷、想法與啟示值得一場深刻有力的對談,她擔心自己沒法公正地進行對話。她害怕讓盧英德與我失望。

所以我開始幫助芭特勒走出她的舒適圈。首先,我告訴她,她對盧英德的敬佩讓她成為對談的最佳人選,因為她絕對會盡力做好這件事。我提醒她,她聽了我每一集的節目,並在其中一集採訪了我。她清楚什麼是有趣的採訪。我告訴她,這是一個千載難逢的機會——與世界上最成功的女性之一進行任何她感興趣的對話。如果她不把握機會,一定會後悔。我也提醒她,盧英德也是一位想改變世界的職業婦女,這將是兩位有同樣熱情女性間的對話。

不過,是我問的最後一個問題,讓她改變心意:「你有沒有想過,或許你不會表現得很差?」我問。「也許這是一次非常有趣、愉快的經驗?」隔天早上,芭特勒決定接下這採訪,當然,她完美達成任務。更重要的是,她從盧英德那邊獲得回饋與讚美,幫助她更頻繁地走出舒適區。

別忘了,本書的第三篇是關於邊做邊學。**主動學習者意識**

到,重複做同樣的事時,能學到的東西很有限。反之,在嘗試新事物,尤其是舒適圈外的事物時,你可以學到很多東西。在學習與能力上取得突破的一大方法,是自在地做那些讓你不舒服的事。主動學習者每天都這麼做。

打破現狀,永不設限

這並不總是這麼容易。有時候,我們覺得出於策略的原因,自己還沒準備好迎接不舒服的挑戰。我們還不具備相關技能。這裡有個簡單的解決方法:找一個方法來填補你的不足,學習你需要用來應對職場或生活中下個重要挑戰的技能。

更難解決的障礙是,我們都不熱衷嘗試新事物,尤其是困難的事情。心理學家與經濟學家稱之為「**維持現狀的偏見**」(status quo bias)。[1] 我們被安全、確定與保障所吸引,我們更看重原本擁有的東西,而非觸手可及的事物,即使那是我們想要的。這使新的挑戰,甚至令人興奮的機會,變得有壓力,換言之,它很可能激起負面情緒。

如果這是唯一阻礙你的事物,你應該有足夠的動力去打破現狀。但還有另一個更棘手的心理障礙使你不敢嘗試:你的**限制性信念**(limiting belief)。在《快速前進》(Fast Forward,暫譯)一書中,經驗豐富的領導者與教練萊斯戈爾德(Wendy Leshgold)與麥卡錫(Lisa McCarthy)解釋說,我們在以下方面都有限制性信念:

- 關於我們自己與自身的能力
- 關於我們的環境以及環境允許我們做什麼
- 關於他人，以及他們是否會幫助我們成功

想想你曾經說過或想過的事，比方，我沒有從事那份工作的能力，或老闆不在乎我的職涯發展，或是因為工作安排，我沒有時間……問題是，當大腦把這些信念理解為真，就把它們為假的可能性排除了。

想要克服這障礙，必須認清阻礙你前進的想法，用事實與現實打破信念與偏見，然後用更積極的想法取而代之，這樣你就能建立信心與行動的動力。心理學家稱之為**重新評估認知**（cognitive reappraisal）。[2] 萊斯戈爾德與麥卡錫用三個問題幫助人們開始：

1. 「你的限制性信念是什麼？」我們通常不會花很多時間分析自己的想法，所以從這裡開始很重要。
2. 「在你的生活中，這種信念的代價是什麼？」當我們讓思考限制了自己的可能性時，總是要付出代價。
3. 「想像一下，當你拋棄了這個信念，它不再影響你的生活……現在什麼是可能的？」想像一個沒有局限的世界，能讓我們信心大增。[3]

這就是我和芭特勒一起經歷的過程。她認為自己無法勝任採訪盧英德的任務。當她最終與我分享她的想法時，我提醒她

考慮成本代價、錯過的機會與遺憾。對主動學習者而言，這是一個必須問的問題，因為**保持現狀的代價往往是學習與成長停滯，這比改變的壓力更讓人不安**。然後我讓芭特勒想像一個完全不同，比她預想要正面得多的結果。

作為一位運動表現教練、《超凡自我》共同作者戈德史密斯在很大程度上倚賴重新評估認知，尤其是一種被稱為「**重新詮釋**」（reframing）的方法。這方法幫助客戶改變自己的思維模式，克服大腦中消極、充滿懷疑的假設思維。他最喜歡的重新詮釋策略是把你的「不」（nots）轉為「還沒有」（not-yets）。如果你面對一項挑戰，而且發現你正在思考自己不能勝任的各種原因，可以在你的論點加上「還」字。芭特勒可能會說，「我『還』沒有訪問過執行長。」正如戈德史密斯解釋的那樣，「一個小小的字改變了整個等式。『以前沒做過』不再等於『不可能』。這個改變打開了信心的大門。」

戈德史密斯的策略與其他類似策略，可以幫助你處理不知道如何做某事或不知道自己是否會成功的焦慮。這對弗萊契（Molly Fletcher）而言，無疑是千真萬確的。

弗萊契是一位經紀人，代理不同體育項目中一些最著名的球員與教練。她被稱為「女版的馬奎爾（Jerry Maguire）」[*]，但在多年前，她不會知道這就是自己的未來事業。選擇一個男

---

[*] 編按：傑瑞・馬奎爾（Jerry Maquire），電影《征服情海》中湯姆克魯斯飾演的王牌運動明星經紀人。

性主導的職業是很大的挑戰，但她從一開始就為自己創造新的挑戰。

弗萊契告訴我：「我們在人生中時常必須問『什麼有可能？如果是那樣會如何？』」

弗萊契的第一份工作是在一家主要接受推薦轉介的小型機構，她問老闆公司是否有成長計畫。當他說沒有時，她建議公司開始招募客戶。她起草一份商業計畫，兩週後就開始運作了。「我當時在喬治亞理工學院（Georgia Tech），靠著柵欄，和球探與教練一起邊嚼著煙草與泡泡糖，邊招募年輕小伙子，」她說。

做為一位積極主動的招募人員，弗萊契的客戶名單愈來愈長，這讓她做為一位女性更加受到關注。「我經常是那裡唯一的女性。我在擊球練習時站在本壘板後面，球隊經理會對那些走來和我說話的球員叫喊，『你為什麼要去和那小妞搭訕』……我的球員會說，『她是我的經紀人。』然後經理會說，『真的假的？』」

這種驚訝與懷疑可能會衍生一種限制性信念，認為她不可能成功。我敢肯定她曾有過不愉快的經驗，但她沒有說。她只是積極對抗這個想法，並強迫自己走出舒適圈。「我了解到，這是個重塑認知的機會，」她說。「從『或許我不屬於這裡。也許這行不通。也許這只是一個專屬於男性的領域，我沒法增加價值』，轉變為『我是與眾不同的』。我想我能用一種不同的方式與這些球員建立聯繫。我可以用一種不同的方式讓他們

生活變得更好。」這種主動的重新詮釋讓她保持好奇，並對各種可能性抱持開放態度。從改變公司發展方向，到投身一項又一項的新體育活動，從經紀人到演講者，應對每一項新挑戰都讓她更了解自己、她的產業與她的世界。

檢視證據，克服退縮

主動學習者樂於接受重大挑戰。對我而言，我在職業生涯遇過最大的挑戰可能是爭取百事可樂營運長的職位。我被安排了其他職務，這很符合邏輯：行銷專才擔任新的行銷職位。但我想爭取的是，因為企業重組出現的兩個營運長職缺中的一個。當然，正如我在第三章提到的，我沒有任何營運的經驗。我知道，在申請這項職務上，我不會得到董事長卡洛維的鼎力支持。

百事公司的高階主管有幸每季與卡洛維共進午餐。在其中一次午餐會上，他問我未來的職業規劃。我很高興他問我，於是脫口而出說，「我想成為百事公司一個部門的總裁。」

「諾瓦克，你是個非常優秀的行銷人才，」他說。我知道這意味著什麼：雖然他信任我的行銷能力，但不認為我是當總裁的料。卡洛維是位嚴肅沉靜的財務人，他認為我是一個有創意、情感豐沛、讓人愉快的人。我有禮貌地反駁，直到他說，「如果你想，我可以讓你當行銷總裁。」但對我來說，真正重要的不是總裁的頭銜。我想要嘗試經營公司、對損益負責、執行文化理念的巨大挑戰，以及隨之而來的個人與專業成長及學

習。我把這些都告訴卡洛維,但他一直把話題拉回行銷。

如果我要改變他的看法,我需要行銷以外的經驗。在這場午餐後不久,營運長的職缺出現了,這是一個可以保持我學習曲線並且證明能力的絕佳機會。我知道自己並非最適合這份工作的人。我認為我的經驗不足可以用充分投入與求知慾來彌補。我懇求部門總裁韋瑟魯普（Craig Weatherup）給我這機會。儘管卡洛維與韋瑟魯普有所猶豫,他們還是給了我一個機會。

我提出一個希望他們無法拒絕的條件也有所幫助:「給我六個月的時間,如果你們認為我在這職位上做的不夠好,我就回去你們想讓我在行銷上做的任何事,沒有一絲怨言、不問原因。如果你們想,甚至可以解雇我。」我想主導自己的職涯,我知道他們都尊重這一點。

營運長的職位是我所希望的一切。當然,我學會了營運,也學到更多關於如何學習與快速學習的知識。我一步一步應對新的挑戰,拓展領導能力,解決問題,並證明了我的能耐。我沒有在六個月後被開除,而且我很成功,當他們需要一位總裁來扭轉肯德基的局勢時,我得到欽點。我當時很顯然不知道,自己是在為最終擔任百勝餐飲執行長接受培訓,那是我為之奮鬥的另一個富挑戰性的職位。

那麼,我是如何說服自己走出舒適區呢?

嗯,我不確定是否說過我當時做了什麼,但我採用的一項重新評估認知技巧被稱為「檢視證據」（examining the evidence）,這是一種對抗我們傾向關注負面事實的方法。正視

現實，運用證據。客觀地說，我有充分證據證明我可以成功，並得到卡洛維與韋瑟魯普的支持。韋瑟魯普以前就對我表示過信任，我也知道卡洛維尊重我的技能與才華。雖然我沒有營運經驗，但了解我們的產業、我們的顧客與我們面臨的問題。我也有多年的領導經驗，足以應付截然不同的挑戰，處理難以解決的問題。這些證據為我的成功提供比失敗更多的支持，即使我的大腦想讓我懷疑它。（在芭特勒的 Podcast 採訪上，我也運用這項技巧，試著讓她了解到自己擁有圓滿完成工作所需的一切技能。）

每次你面對新的挑戰並獲得成功時，都是在收集證據，用來說服自己因應下一個挑戰。很快，這麼做就不會如此不舒服，甚至成為一種習慣。

例如，當我在 2016 年離開百勝餐飲，決定正式退休。但我並不打算如電影最後一幕：騎馬奔向夕陽，就此退隱江湖。我創辦了大衛諾瓦克領導力組織，努力發展業務，當我想進一步擴大影響力時，發現了 Podcast。

當我開始做 Podcast 時，發現自己對 Podcast 的了解，比剛擔任營運長時對職務的了解還少。我從來沒聽過，更別說製作了。但我仍投入進去，做了研究，問了許多問題，找到合適的支援，並在我的人際網路中尋找潛在來賓。幸虧我能控制不知道如何做某事的焦慮，加上許多人的支持，讓我在舒適圈外感到自在，「領導者如何領導」已經成為排名前 1% 的商業 Podcast。

現在 Podcast 已經上了軌道，我要轉向新的挑戰。信不信由你，現在這個新挑戰是寫鄉村歌曲，但你得等到書的最末，才能讀到更多關於這方面的內容。

並不是我們所做的每件新事情，都必須與過去所知大不相同。我們不會因為每個挑戰被迫離開舒適圈。但當我們應對新挑戰時，會更了解自己的能力，這為我們的生活開拓了許多可能性。

更重要的是，當別人看到我們努力學習，就會激勵他們把握下個機會，即使成功機率渺茫。然後，我們就能創造一個所有人一起積極成長與學習的環境。

透過尋求新挑戰來學習

- 在過去一年裡，你應對了哪些新的挑戰？結果如何？你能從這些經驗中得到什麼證據，來幫助你下次停止自我限制，並應付新的挑戰？
- 是否有新的挑戰讓你逃避或猶豫？是什麼信念與想法阻礙了你？你怎樣才能重塑情況，讓自己願意接受挑戰？
- 你是否認為自己還沒有準備好迎接某個挑戰，但它可能是一個巨大的發展機會？如果不成功，最糟的結果為何？你能找到限制不良影響的方法嗎？

第 20 章
讓大腦做好準備

如果你從本書開頭一直讀到這裡,就會知道我對我的「領導者如何領導」Podcast 節目充滿熱情。我談過我們為建立它所做的工作,我們諮詢的專家,以及我們如何將它與同類別的最佳 Podcast 進行比較。但我相信,Podcast 真正的實用價值來自我們為每一集的付出,尤其是我個人的準備工作。

我在聯繫可能來賓前就開始準備,我知道自己必須提出一個有說服力的邀請,這代表要了解他們,以及了解他們為什麼願意與我對談領導。我認識許多潛在來賓,我知道他們喜歡分享自己的領導智慧。但有些人很少接受採訪,所以我必須思考怎樣才能讓他們信任我。

一旦他們答應,真正的工作就開始了。我從閱讀文章與觀看他們談話或受訪的影片開始。如果他們寫了一本書,我就會去讀,或是讀大部分。我會向共同認識的朋友詢問關於他們的新鮮故事與資訊。當我在了解他們時,我會思考一些能夠觸及

他們領導之道核心的獨特問題，同時收集能幫助他們敞開心扉的見解。我也會思考這個人本身，他如何溝通交流，以及我將如何進行對話。（現在我正在學習如何有技巧地打斷別人。）

每一集我大約要花八小時來準備。我花最長時間準備的 Podcast 之一，是與銀杏生物科技公司（Ginkgo Bioworks）執行長凱利（Jason Kelly）的對話。他公司製造的微生物，被用來製造其他產品。這是接近科幻小說的高級生物學。由於我在大學裡像躲避瘟疫一樣躲避科學課，我必須非常認真學習，才能有足夠自信來進行對話。所有資料我都得讀兩遍，有時甚至三遍，才有辦法理解。

我也幫助來賓準備。我沒有提供訪綱，因為我想讓對話自然地進行，但我會分享製作過程，包括讓來賓聆聽並同意最終的剪輯，這樣他們就能放鬆下來，展現自己最動人的一面。我還和他們分享我與其他來賓互動的精采片段，希望他們聆聽與學習。

當然，我所做的是讓我的大腦與來賓的大腦做好準備，這樣我們就可以進行深入的討論，為我與每位聽眾提供更多知識。在準備上，HubSpot 執行長蘭根（Yamini Rangan）就像握住我的接力棒，向前飛奔。她上我的節目，對我的了解和我對她的了解一樣多。她讀過我的書、我的簡歷與我寫的文章。我被她做的功課深深激勵，我們兩人的充分準備讓對話洋溢活力與樂趣。她提醒我，當人有備而來時，對其他人有多大的意義，以及這麼做能多大改變參與度，提高好奇心。

在《快速前進》一書中，萊斯戈爾德與麥卡錫寫到了傾聽與好奇心間的相互作用。他們說明了如何讓自己接觸訊息，即使我們認為自己不感興趣，也能集中注意力，讓大腦運作來填補知識的空缺：

> 我們往往認為感興趣與否是截然分明的，不是我們能掌控的東西。我們對一些事物不是感到有趣就是無趣。如果無趣，我們就沒有必要去接觸。事實上，我們幾乎可以改變對任何事情的興趣程度。如果你認為自己不感興趣，很有可能是你了解的還不夠多……
>
> 當我們傾聽並吸收一些資訊，我們的大腦就會開始運作，把學到的東西整合到已知的事物中。這個過程凸顯了我們知識的不足，讓我們思考自己少學了什麼。[1]

這個啟示適用於所有資訊收集的類型，而不只是傾聽（儘管這是最好的方法之一）。在我準備 Podcast 節目的時候，我對來賓的了解愈多，就對他愈好奇，這也讓對談更深入熱烈。做功課增加了我的好奇心，讓大腦為新想法與新資訊做好準備。

主動學習者知道，充分準備可以幫助我們從任何經驗中獲得最多的知識。我們在準備過程中學習，當我們準備充分，就能學到更多。當我為 Podcast 做了充足準備，就能在對談時專心投入。我可以全神貫注地傾聽，也能更流暢地引導對話。這有助於我發現更多想法，讓我們都能學到更多。

榮獲艾美獎的體育評論員南茲也是抱持同樣的心態。「每一場都是你最重要的演出，」他告訴我。「你永遠不會把任何事都視為理所當然⋯⋯出於對聽眾的尊重與對報導主題的尊重，你必須做全面、詳細的研究。」他仍然會製作自己的球員表，或是比賽中每位球員重要細節的摘要。他把上述資訊用手寫下來，因為這樣能幫助記憶。雖然業內其他人也高度關注這些細節，但南茲會深入了解球員的生活與狀態點滴，並在每個表上用顏色標記。「擁有深度知識是我所知做好評論的唯一方法⋯⋯當涉及到我的工作時，那是我的責任，所以沒有人能幫我做研究。」

充分、有目的準備

在《改變你的思維》（Shift Your Mind，暫譯）一書中，運動員與高階主管績效教練利文森（Brian Levenson）探究了準備與表現間的差別。他表示，每個人需要的心態是不同的。「準備包括學習、成長與改善，而表現純粹是執行，完成達到目標所需的行動或行為模式。」[2] 南茲能有優異表現 —— 在評論最新球賽的同時，能信手拈來故事與數據，並點名身邊的專業分析師發言，是因為他在學習、改善與分析上投入時間（他甚至聽自己的廣播內容，並進行檢討）。

曼寧（Peyton Manning）是史上最偉大的四分衛之一，他告訴我，曾有位教練對他說，他動作太慢，一週都跑不出自己的

視線。曼寧知道自己不是場上最強壯或最迅速的球員,所以他需要一個優勢。「準備是我在美式足球上獲得優勢的地方。我投球沒有別人遠,跑得沒有別人快……但我至少可以準備得比別人充分。」

當我們進行準備,就是在建立神經通路,讓行動更容易、更順利。我們可以自由地關注眼前正在發生的事,收集重要資訊,並做出相應的反應,而不是只聚焦在當下的行動。然後,當能將學習提升到新水準、追求新挑戰,與做一些不同新鮮事的機會出現時,我們就準備好了。

康卡斯特執行長羅伯茲(Brian Roberts)將這種情況稱為「在場邊閒晃」(hanging around the rim)。在我與他在康卡斯特董事會共事期間,我對他發現並抓住下個機會的能力感到驚嘆。他告訴我,他盡可能多去參加各種會議,尤其是科技大會。他經常待在好萊塢,與內容創作者及藝人建立聯繫。他總是在尋找下一個交易,下一個聰明的合作夥伴,以及內容傳遞的新想法。他讓自己去學習、去認識人、去了解情況,這樣他就能在時機成熟時做好行動的準備。他花很多時間準備一個可能出現的時刻,這項投資讓他取得巨大的成功。

當然,並非所有準備都是等同的,正如刻意練習心理學家艾瑞克森(Anders Ericsson)在他對巔峰表現者研究中發現的那樣,**良好的準備是有目的性的**。他在《刻意練習》(Peak)一書中,把焦點放在刻意練習上,但那只是在教練幫助下,在一個成熟領域進行有目的的練習。「刻意練習是專門用來幫助人

們在他們所做事項上達到世界頂尖,」他寫道,「這是迄今為止發現最有效的學習方法。」[3] 以羅伯茲為例。他的努力看似很隨意,就像只是與一群聰明、有創意的人「閒晃」等待機會降臨,但他非常專注於發現下一個偉大想法,這將幫助康卡斯特在市場上擊敗競爭者,吸引新的觀眾,或以某種方式進行創新。這種刻意的專注,幫助他學到至關重要的想法與資訊。

艾瑞克森研究了人們如何成為領域內的頂尖專家,而我認為他提出刻意練習的四個特點中,有三個適用於任何類型的認真準備:

- 朝著一個明確目標努力。
- 高度關注進步(或學習)。
- 走出你的舒適圈。

這很容易成為主動學習的定義。當我在準備 Podcast 時,在某種程度上做到了上述的大部分。

尼克勞斯(Jack Nicklaus)被許多人認為是有史以來最偉大的高爾夫選手,他確實名符其實。他非常明確、刻意,並專注挑戰自己。「我認為做好準備在任何行業或許都是最重要的事,」他告訴我。例如每年年初,他都特別專注在準備大師賽,在每年舉辦大師賽的奧古斯塔國家高爾夫俱樂部(Augusta National Golf Club)球場打球,藉以提高自己的表現。他分享一個關於自己沒準備好的故事,來彰顯準備的重要性。

1985 年美國高爾夫公開賽,是他二十年來第一次未能晉

級，沒能參加最後一輪比賽。他承認自己沒有準備好，一直忙著為美國廣播公司（ABC）做評論員。「唯一比未能晉級更糟的是，你不得不待在原地⋯⋯談論其他人還在打的比賽，但你只剩旁觀的份，」他說。為了安慰自己，他與妻子芭芭拉（Barbara）去麥當勞買了一個漢堡。芭芭拉注意到餐廳的快樂兒童餐杯子上有句切合情況的句子。隔天，當尼克勞斯起床時發現其中一個杯子在他床邊，裡面裝著他的早晨咖啡。上面的智慧話語是「沒有任何藉口能為準備不周辯解。」因為就如尼克勞斯所說，「如果你沒準備好，就不會有出色表現。」

多年來，我臥室裡一直有個枕頭，上面繡著「預做計畫」（PLAN）一詞。它提醒我每天晚上花時間為隔天做準備：回顧我的會議、閱讀分析報告、檢視大型專案等。我想每天都做好傾聽、學習與貢獻的準備。每天早上，我都在準備實現這個目標。我運動、寫日記，把焦點放在感恩上。我做的這一切都是為了有最佳表現，為在全世界擁有百萬員工的公司做出最正確的決策。

至今我每天仍懷抱高度期望地進行這項準備儀式，因為你永遠不知道這天會發生什麼事，或會出現什麼機會讓我學到更多。

透過做好準備來學習

- 你是否曾發現自己在被迫學習的過程中,對某件事愈來愈好奇或感興趣?你如何在生活或工作中利用這個影響?
- 回想一個你準備不足的時刻。(如果這會發生在尼克勞斯身上,也可能發生在任何人身上)。你當時是什麼感覺?當時你把注意力或焦點放在哪裡?你認為自己可能錯過了一個學習機會嗎?
- 當你為一個情況、演出、談話,或會議做了充分準備時,你的關注點有何不同?你的心態,或你對想法的接受程度有什麼不一樣?

第 21 章

選擇做困難的事

這是我最喜歡的一段引文,我把它裝裱起來掛在辦公室裡:

> 容易的做法有效且迅速,困難的做法費力且漫長。但是隨著時間流逝,容易的做法變得愈來愈難,困難的做法變得愈來愈容易。當一年一年過去,愈來愈明顯的是,容易的做法是危險的流沙,困難的做法卻建立起無法摧毀的堅實信心基礎。

這是誰的名言?肯德基創辦人桑德斯上校(Colonel Sanders)。

當我成為肯德基總裁時,他的遺產顯得特別重要。他在維持最高標準的同時,以有限的預算讓生意取得成功。在一條新建的洲際公路分流道摧毀了他的成功餐廳後,六十五歲的他挨家挨戶推銷自己原創的炸雞配方。十多年來,他在美國、加拿

大與英國建立了 600 多家肯德基炸雞店。

桑德斯上校是位主動學習者，主動學習者明白，尋找簡單的做法、避開最難的工作，或抄捷徑，會削弱你的學習並限制了你的成果。**你把本來能讓自己學到東西的過程刪掉了。**

想要獲得最重要見解與最佳結果，往往意味著選擇困難的道路。做困難的事也能幫助你對抗漸進調適主義的控制。有個關於餐巾紙的經典預言：一個餐廳老闆為了省錢，決定買小四分之一英吋（約 0.6 公分）的便宜餐巾紙。這只幫他省了一點錢。看到削減成本奏效，第二年他買了更薄的餐巾紙，又省了一點。下一年，他的餐巾紙更小了，但費用卻翻了一倍。因為顧客以前只拿一張餐巾紙，現在卻拿兩張或三張。當公司過於把削減成本當做獲利途徑，可能導致偷工減料，最終失去優勢。**可持續的長久成長來自於努力改善產品，讓你的顧客滿意。**

同樣的事情也會發生在我們個人身上。抄捷徑會讓你走上一條與你所希望完全不同的道路，而且會比你意識到的更快成為一種習慣。

作家霍利得（Ryan Holiday）在他的暢銷書《失控的自信》（Ego Is the Enemy）中寫道，「偉大始於卑微，來自繁重的工作。」[1] 這對企業與個人而言同樣適用。我很早就學會這一課。我的父母只受過高中教育，但他們為了改善我們的生活而努力工作。我母親找了一份簿記員的工作，自學了會計，最後成為一家公司的財務主管。

我的父親在美國國家地質調查局度過大半歲月，最後在華盛頓特區辦公室工作。他是同事中唯一沒有工程學位的人。想像一下，數十年前，年僅十五歲的他，到內布拉斯加州為鐵路局工作。他為了得到一份粉刷橋樑的工作，謊稱自己十六歲。他在回憶錄《何處不為家》（Home Is Everywhere，暫譯）中如此描述：

> 一開始他們只是讓我在支架上粉刷橋的一側。然後我的工作換了，我會坐上一個連在橋的斜樑上的滑車，我整個身體趴著，一邊往下移一邊為樑刷油漆。這就像從欄杆上滑下來，只不過我是用繩子控制速度，來避免滑得太快。我沒有綁安全帶之類的東西，我只能牢牢抓住繩子⋯⋯在我的滑車上有滿滿一桶的油漆。那時候，他們會把油漆與雜酚油混和在一起，讓它能維持更久。天氣熱的時候，雜酚油的溫度就會升高，灼傷我的皮膚，主要是我的臉，因為我是趴著，刷的時候臉靠得很近。整個夏天我都在粉刷橋樑，刷到最後我的臉都烤焦了。[2]

他願意做艱苦的事，這讓他在日後的生活能夠養家。他教會了我們職業道德，這成為我成功的基礎。當我還是孩子的時候會修剪草坪賺錢，父親總會檢查我的成果，如果我細節沒做好，他會要我重來才能賺到這 3 美元。

我從高中到大學，做過任何能賺錢的工作。一年夏天，我

在北堪薩斯城學區打掃學校。我必須清理每張桌子。桌底總是特別讓人不舒服。大學時代，我在當地一家購物中心找了份撿垃圾與掃地的工作。我掙得工資，也學會感激這些苦差事與做這些事的人。

（我學到表揚的力量。即使從事這些臨時的工作，當有人誇我一句「做得真好，辛苦了」，對我也是意義非凡。我了解到，當我們有尊嚴地對待工作的人時，每份工作都是有尊嚴的。）

這些啟示貫穿我的整個職業生涯。作為一位領導者，如果我去一家餐廳，看到地上有一片垃圾，我就會把它撿起來。如果我看到未被清理的桌子，我就會去清理。每次我在必勝客、百事可樂，或肯德基擔任新的領導職務時，我都會花時間從事核心工作。我做披薩、開送貨車，為雞肉裹粉酥炸。我經常服務顧客。這讓我更加感激所有必須完成的工作、從事這些工作的人，並了解我的決定將如何影響他們。我同時與團隊成員建立聯繫，鼓勵他們與我分享所學。我藉由做困難的事，創造了一個能幫助自己學更多的文化與氛圍。

避免脫節，理解底層細節

領導者被教導要授權，但你必須避免脫節，尤其是避免與公司的基本工作及執行的人脫節。DoorDash 創辦人暨執行長徐迅（Tony Xu），在建立事業時加入了這種覺察，他告訴我，自己的職業道德也是從父母身上學來。父母在他五歲時從中國搬

到美國。在他父親完成數學學位時，家裡幾乎沒有積蓄，收入也很微薄。他的母親在中國是位醫生，為了養家糊口，她同時做三份工作長達十二年之久，在攻讀學位的同時，盡可能省下每分錢。最後她用這些積蓄開了一家診所，至今仍在營業。

因此，徐迅與共同創辦人在成立 DoorDash 時，財務與營運全是靠自己也就不足為奇。「我在商業或其他行業一直相信的一件事是，你必須理解事情最低層次的細節。如果你不做世界上的每一份工作，就無法做到這一點。」在公司成立的前十八個月裡，他與共同創辦人負責每次的送貨。「當我的同學們（在史丹佛大學，他剛在那獲得企管碩士學位）都在繼續前進，享受美妙假期時，我卻在忙著用我的本田汽車搬運鷹嘴豆泥。」

他學會物流與配送方面的知識，這些知識對 DoorDash 成為同類服務中最早、規模最大的一家，起了重要的作用。直至今日，公司的每個人每月都會花時間去送貨與做顧客服務。

如果你與需要完成的辛苦工作脫節，可能會停止學習最重要的事情。我承認我很幸運，就如徐迅的幸運一般。不是每個人都能像我們，年輕時就從辛苦工作中獲得教育。我們大多數人受「權宜性偏見」（expediency bias）與享樂原則的影響，而排斥做困難的事。心理學家、作家、神經領導力機構（NeuroLeadership Institute）創辦人洛克（David Rock）解釋說：

> 我們傾向接近讓我們感覺良好的事物，遠離讓我

們感到不舒服的事物。我們大腦認為努力是不好的，因為那是辛勞的工作。大腦默認那些感覺「正常」的事物，那些告訴我們日常生活應該何去何從的網路。這些網路深刻在我們腦海，以至於當我們走上一條具挑戰性的新道路（不管這條道路是什麼）時，我們的車輪總是滾回到舊的槽溝中。儘管如此，我們知道辛苦的行動能帶來巨大的好處。[3]

保持愉快，全心投入

那麼，我們要如何轉變思維，讓做困難的事變得簡單一些？洛克提到一個重要的策略是，**在我們心情愉快，大腦比較不會產生阻力時，試著去做困難的事**。這就是為什麼第三篇的第一章要你「透過追求快樂來學習」。

另一個似乎顯而易見的從事困難事的策略，就是投入去做。有時候，你不得不強迫自己這麼做。

帕爾默（Arnold Palmer）來鎮上參加肯塔基賽馬會（Kentucky Derby）時，曾住在我們家。一天早上，他和溫蒂喝咖啡時，失手打碎了一個杯子。他問溫蒂掃帚與簸箕在哪，溫蒂說，「我不能讓帕爾默在我的廚房打掃收拾。」

「親愛的，」他回答說，「從我在賓州拉特羅布還是個孩子的時候，就在清理自己在廚房製造的混亂。」這種對他不想做的小事也負責的心態，對帕爾默職業生涯產生很大的影響。

例如，他每次簽名時都會確保字跡清晰。他想，如果人們看不懂簽的名字，那麼簽名還有什麼意義？這對那些來支持我的人傳達了什麼訊息？這看起來不像件難事，但當你在比賽結束精疲力竭、沮喪或焦慮時，簽名可能是你最不想做的事。但他總是會去做。

主動選擇承擔

另一個策略來自你大腦對自主性的熱愛。你可以試著給自己一個選擇。**選擇去做某件事，比被迫去做更有動力。把焦點放在困難選擇的好處與容易選擇的代價，很重要。**洛克舉了這樣一個例子，「我想嘗試一個新的專案管理工具，這可能讓我團隊下週的工作變得更容易，還是我應該沿用前員工建立、我們都不太滿意的試算表？」

有時候，在做困難事情上，我們別無選擇。但我們可以選擇這件事產生的影響。我們可以選擇將逆境或障礙轉為自己或他人的優勢。拉姆（Jon Rahm）是排名世界第一的高爾夫球手，他的揮桿被眾人認為完美無缺，這是因為他一直在做困難的事。他出生時就右腳畸形，這也是他喜歡高爾夫的部分理由，因為他從不能像其他孩子那樣跑或跳得好。但他學會把劣勢轉為優勢。他在西班牙北部的一個小鎮長大，那裡絕非高爾夫勝地，但他非常努力獲得亞利桑那州立大學錄取。他在大一入學前從未來過美國，甚至幾乎不會說英語。儘管如此，他還是在成為職業高爾夫球手與第一位贏得美國公開賽與大師賽冠

軍的歐洲人之前取得了學位。

我的妻子溫蒂患有一型糖尿病，經歷了一些非常辛苦的治療過程。從做困難的事中學習，使她能將溫蒂諾瓦克糖尿病研究所打造成一個讓疾病沒那麼難熬的地方。她每天都在做這樣的選擇。最近中心的一個孩子說想和她談談，我猜想是因為他住很久的那棟大樓上有她的名字。溫蒂的話讓他安心，給了他希望，使他相信自己能夠如她所說，在每個轉折都超越預期。這之所以可能，是因為她一直在做困難的事，並在過程中保持正面態度。

如果你需要更多素材來說服自己放棄容易或權宜的選擇，**可以想想那些（包括你生活中的）警示故事，當我們延後或避免做困難事時，會發生什麼。**

富國銀行的故事很有啟發性。在公司較低的管理層級，領導者強推不切實際的業績配額，導致詐欺、數十億美元的罰款與聲譽受損。富國銀行沒有適當的管控措施，在問題失控前發現它。

當沙夫（Charlie Scharf）在 2019 年接任執行長時，亦即最初醜聞爆發的四年後，富國銀行仍在努力擺脫消費者金融保護局（CFPB）關於公司必須解決問題與必須採取行動的同意令與特別命令的陰影。由於極少同意令得到完全解決，監管機構時常巡視富國銀行的辦公室，評估進展並分析工作。其中一項同意令限制公司擴大管理資產的業務，直到重大的監管基礎設施與內部控制問題得到解決。這是個巨大的打擊。

沙夫上任時就知道，必須儘快處理同意令。這不是個有趣的工作，既不讓人興奮，也沒有創新。這是個艱難的工作，真的非常困難。唯一的辦法就是埋頭苦幹，好好完成所有困難的事項，公司才能重獲信譽。這就是他和參與轉型的關鍵團隊所做的。沙夫加入後，他們取得很大的進展，而且進展快速，消費者金融保護局也持續解除同意令。還有許多工作要做，但每個人，包括產業分析師，現在對富國銀行的未來都更有信心，因為他們正在做困難的事。

當我問沙夫他從中學到什麼時，他告訴我，這過程提醒我們一件顯而易見的事：你必須把基礎打好，把合適的人安排到位，同時設好正確的架構。但重要的啟示是，**當有個棘手的問題出現，你必須有解決它的急迫感。**

因為**當你拖得愈久，困難的事情就會變得更難**。當事情愈難，你就會愈陷入枝微末節與重做中，更難專注在你應該發現的重要課題上。

在我的生活中，不只一次學到這個教訓。例如，我把跟腱手術延遲了大約五年。我盡我所能避免它，包括各種痛苦的治療、血小板注射、運動、伸展等。我所能想像的就是，在很小的機率下，手術有可能不成功，導致長期疼痛或永遠的不良於行。一想到我可能再也打不了高爾夫球，我就很害怕。最後疼痛變得難以忍受。

手術完成八個星期後，我幾乎不再疼痛。但我已經忍受五年的痛楚，試圖避免手術的進行。拖延困難的事，只會讓早就

存在的解決方案更晚出現。逃避做困難事情，其實就是逃避學習。

透過做困難的事來學習

- 你做過最困難的一件事情是什麼？你如何鼓勵自己去做？你從中學到哪些重要的經驗教訓？
- 傾向關注在最簡單下一步，而非最好下一步的「權宜性偏見」對你生活的哪些方面影響最大？舒適、正常的選項通常在哪裡勝出？你認為什麼策略能幫助你選擇做困難的事？
- 目前有沒有什麼困難的事是你在逃避或拖延的？是什麼阻礙了你？如果你做了，可能有什麼結果？

第 22 章

用登上頭版新聞做測試

我十歲時有過一次犯罪行為。我喜歡玩軍隊遊戲，有一年我最喜歡的聖誕禮物是一個軍用水壺。我一直使用它，直到某天水壺的蓋子遺失，這讓一個十歲男孩感到萬分悲慘。

神奇的是，幾週後，我在母親買水壺的商店找到一個替代的蓋子。當她後來在家裡注意到這個蓋子時，問我在哪兒找到，但我不能撒謊。我告訴她，那是我在店裡拿的。你可以猜到接下來發生什麼事：母親把我押回店裡，退回蓋子，並向經理道歉。

那天我明白順手牽羊絕不能成為自己的職業，更重要的是，做正確的事永遠不嫌遲。你隨時可以回去說對不起，並試著彌補。

經營一家在 112 個國家擁有超過 100 萬名團隊成員的公司，強化了我的這個想法，但這個概念是我在小時候，不停

搬遷到不同城市時就學到的。好的價值觀是普世且永恆的。（「不偷竊」就是非常基本的原則。）

你是否感到自豪？

當然，我們是否實踐這些價值觀與具體做法可能有極大差異。當我領導百勝餐飲並教導員工領導力課程時，曾經分享另一家公司的價值觀宣言，因為這些價值觀不只崇高而且通用：

> **尊重**：我們希望別人怎麼對待自己，就怎樣對待別人。我們絕不容忍侮辱性言詞或不尊重的對待。**誠信**：我們公開、誠實、真誠地與顧客及潛在顧客合作。**溝通**：我們有溝通的義務。在此，我們會花時間交談並傾聽。**卓越**：我們所做的每件事都要做到最好。我們將持續提高每個人的標準。在這裡最大的樂趣就是，讓所有人發現自己可以有多好。

你能猜到是哪家公司嗎？這些價值觀來自安隆（Enron），一家如此腐敗的公司，它自內部崩潰，摧毀了數千員工的財務與退休生活，違背了上述提到的每一項價值觀。早在1869年8月28日，賓州哈里斯堡的《哈里斯堡電訊報》（Harrisburg Telegraph）就刊登這段至理名言：「把事情做對與做對的事，是有區別的。一個人可能從事一項不道德的工作，但做得很好。」那就是安隆。「另一個人可能從事一項值得稱讚的任務，但做得很差。因此真正的準則是『把正確的事做對。』」

我喜歡說，「**做正確的事，好事就會發生。**」你會建立一個值得信任的聲譽，你會把自己從帶著遺憾回顧過去，而非帶著希望向前看的負擔中解放出來。這兩個結果的加總，能拓展我們人生中的學習。人們會和我們分享更多東西，我們的見解也會更積極正面，更關注未來。

做正確的事是你給自己的禮物。我們怎麼知道自己是否做了正確的選擇，做了對的事？作為主動學習者，我們必須認清自己、對自己誠實，公正的評估我們在鏡子裡看到的人。

有時候，我們需要承擔比個人或單一團體所承擔更多的責任。在百勝餐飲，每當我們面臨一個艱難的決定，財務長迪諾都會問一個重要的問題：這個決定是否能通過《華爾街日報》測試？也就是說，**如果這件事明天出現在《華爾街日報》的頭版頭條，我們會高興嗎？**我們會對它關於我們公司的描述感到自豪嗎？我們在如何削減成本、如何讓員工離開公司，以及任何不像「不偷竊」一般明顯的事上，都問了這個問題。

你可以為自己的艱難決定發展一個測試版本。也許是，「當我向配偶、孩子或老闆解釋這個決定，我會感覺滿意或自豪嗎？」或者，「如果我必須站起來，在團隊會議、研討會或教堂裡分享這些，我會感到舒服且自豪嗎？」

我成長過程中做過各類零工：修剪草坪、工地工作、清潔工，收入都不高，所以當我看到一個銷售人員每天至少能賺75美元的廣告時，幾乎是衝去堪薩斯市中心應徵。這份工作原來是挨家挨戶推銷百科全書。有人會把我放在附近一個小鎮

中央，然後在一天結束時來接我，收入取決於我去敲門，促成每一筆銷售。第一天，我就賣出兩套百科全書，這是一個不錯的開始。

第二天我又賣了一套，兩天內我就賺了 225 美元！這比幾年後我大學畢業後第一份工作掙的錢還多。

第三天，我辭職了。我對自己正在做的事感覺不太好。我覺得自己是在把百科全書賣給不需要的人。我有一套是賣給一位沒有孩子的老婦人，她很高興能有人說說話。我想她買這套書，是為了感謝我。

我了解到自己擅長銷售，但我不相信這麼做的價值。金錢很誘人，但我知道自己需要留意一個小小的聲音，這個聲音告訴我，購買的人可能會後悔他們的決定。我沒有必要明確地做《華爾街日報》的測試，但我知道，如果我回家後和父母描述我在做什麼，把書賣給誰，我不會感到自豪。

多年後，在我缺席與菲多利行銷主管凱利（Leo Kiely）的晚餐時，我本該聽從自己的直覺。在為廣告代理商工作後，是凱利推薦我擔任必勝客的資深行銷副總裁。他為我打開進入百事公司的大門，給了我職業生涯最重要的機會。我本來計畫好去紐約，他與我約好了要一起用晚餐。但後來我接到百事公司執行長恩里科的電話，邀請我和他共進晚餐。我的企圖心升起，於是取消了與凱利的約會。我和凱利道歉，但我們的關係再也不復從前。數十年後，我仍感覺遺憾。

依循正確的價值觀行事

我們最艱難的決定，往往是那些當下的選擇。我們必須仰賴價值觀與理想，這意味著我們需要知道自己的價值觀與理想為何。我們以為普遍的是非觀已然足夠，但在複雜且高壓的情況下，可能還不足以應付。對川普政府前國防部長艾斯培（Mark Esper）而言，在面對一個又一個複雜局面時，在這點上明確表態至關重要。他告訴我，他對自己的兩個誓言：捍衛美國憲法和關愛、尊重與照顧妻子，比對其他事情都更忠誠。因此，當總統在 2020 年提議派遣現役軍隊管制城市的抗議者時，他的決定是明確而直接的「不」，因為這麼做違反憲法。這不是他第一次或最後一次以「維護憲法」承諾來闡明自己的決定，但這是最公開的一次。

每次你強迫自己做正確的事時，都是在重新發現自己的價值觀。你正在學習將價值觀轉化為行動。在百勝餐飲剛成立時，塔可鐘加盟商不喜歡新公司的一些決定因素，威脅要惡意收購該部門，並成立一家獨立的公司。我努力與他們建立良好的關係，但在我們遇到第一個重大危機時，我還沒有贏得他們的信任。

一家環保組織發表的報告稱，由卡夫食品（Kraft）生產並在超市銷售的卡夫塔可鐘玉米餅殼，被發現含有基因改造生物 StarLink。加盟商從來都不喜歡卡夫製造的塔可鐘產品出現在超市裡，因為這可能會侵蝕他們的收入。但是百事公司已經

簽署許可協議，百勝餐飲只能承接。美國食品與藥物管理局（Food and Drug Administration）並未明確核准 StarLink 供人類食用，所以這成為一則全國性新聞。

StarLink 不可能傷害任何人，我們餐廳的玉米餅殼也沒有此成分，但這些都無關緊要。重要的是，我們的顧客不敢吃塔可鐘，因為卡夫立即召回了它的產品。由於這是總公司的交易，加盟商並未從授權協議中獲益，還蒙受了損失。本已平淡的業績又下滑了 20% 到 25%。

一些加盟商瀕臨破產，媒體報導正在扼殺它們。此時，一場造反正在醞釀中。根據合約，我們沒有義務提供幫助，但我們若不這麼做，百勝餐飲將面臨明顯的後果。

百勝餐飲的一些人覺得，公司不應該承擔救援加盟商的風險。如果餐廳倒閉了，我們總能以低價買回來。但包括我在內的其他人，都覺得不太對勁。

這裡有個有用的測試：儘管我很欣賞律師的工作，但法律只是表現基本良好行為的第一步。真正合乎道德的決定與行為，往往能讓我們爬得更高。**如果你依賴合約或法律標準來判斷自己是否在做正確的事，那麼很可能是你爬得不夠高，無法判斷自己是否正確。**

我和百勝餐飲的團隊繼續攀爬，直到我們想出一個感覺對的計畫。我們成立一個團隊與銀行合作，重組了加盟商的債務。我們起訴了玉米餅殼的供應商，然後把追回的一大筆錢還給加盟商。我們承擔了這個過程中所有法律與行政費用。我們

只要求加盟商同意不起訴我們或公開反對我們來做為回報。如果我們善待他們,並在這場危機中成為他們的合作夥伴,他們也必須善待我們。

好消息是,辛勤工作的加盟商撐下來了,業績最終出現好轉。事實上,塔可鐘成為美國第二最賺錢的快餐服務品牌,僅次於麥當勞。

危機過後,塔可鐘的加盟商邀請我參加一場特別的會議,在那裡發生了令人難以置信的事。這些人幾年前還威脅要造反,現在邀請我來接受他們的感謝。加盟商說,我們為他們做的一切「如英雄一般」,還送我一尊四英呎(約 122 公分)高的超人雕像,上面是我的臉。他們每個人都當面感謝我,對我說,「如果沒有你,我們家今日就不會有這個事業。」這是我職業生涯中感受到最真情流露的經歷之一。

言行一致,守住底線

我們藉由做正確的事學習,學會了如何有效面對危機,而百勝餐飲在未來必然還得面對更多危機。我們了解塔可鐘餐廳與加盟商的優勢與劣勢,這讓我們能更有效地幫助它們獲得成功。

我很高興知道至今百勝餐飲仍抱持同樣的精神。在疫情開始時,企業被迫關閉,餐館受到的打擊尤其嚴重,現任執行長吉布斯(David Gibbs)與團隊告訴加盟商暫停支付加盟金。百勝餐飲會給予寬限期,直到情勢好轉。最後,所有加盟商都全

額償還了他們積欠的加盟金。畢竟逼加盟商繳交加盟金行不通，所以何不對加盟商表示忠誠與支持？因為吉布斯這麼做，加盟商也以忠誠與支持回報。

套句商場老話，吉布斯「說到做到」。當哈維（Eric Harvey）在大約三十年前出版《言出必行》（Walk the Talk，暫譯）時，書名還不像現在這樣是個老套的比喻，但這個概念仍然引起了共鳴。哈維這本書的核心思想是，**你可以藉由你的意圖來自我評判，但別人是從你的行動來評判你。行動是你建立聲譽的方式，而聲譽會影響你工作與人生的可能性。**

我們都知道，不是每個人都遵循這個原則。

2015 年，我非常榮幸獲得霍雷肖・阿爾傑獎（Horatio Alger Award），這個獎旨在表彰那些透過克服逆境、堅持不懈、正直誠實、追求卓越而取得偉大成就的人。一件很棒的事是，我獲獎的那年，一位最年輕的人也獲得這個獎項。這個人就是 Theranos 的霍姆斯（Elizabeth Holmes）。

我和她及其他獲獎者一起參加一個小組，回答了學會獎學金得主的問題。她的回答與故事給我留下深刻的印象，後來我建議她考慮加入我合作一家公司的董事會。和許多人一樣，當我了解到她如何欺騙投資人、違反法律、摧毀一些員工的生活，並讓員工與她一起倒台時，我同樣感到失望。她的行為沒有考慮任何人，只考慮自己，最終落得在監獄服刑十一年。

這個故事中有很多悲劇，但有個損失很少被提及：學習與潛力的喪失。她建立一個由聰明且有才能的人組成的團隊。她

吸引了驚人的大量資源。這兩件事加上良好的選擇，可能會創造出在未來數十年引起共鳴的強大創新想法。誰知道可能會發生什麼。誰知道有多少人的生命可以被改變。誰知道什麼「正確的事」喪失了。

當我們被逼到牆角時，最可能跨過那條線，或甚至會奔跑跳過它。絕望的處境是對我們價值觀的挑戰。透過良好的計畫與準備，你可以幫助未來的自己做正確的事，盡可能地避免錯誤。想想可能出錯的事，提前（而不是在當下）決定你要如何在堅持價值觀的同時解決它。你還可以在發現問題時立即處理來避免跨越紅線，因為這樣問題就不會演變成災難（我將在下一章進一步討論）。

我喜歡告訴人們，「你永遠不會因為帶給我問題而被解雇，但若你掩蓋問題，就一定會被開除。」我們不可能為每個需要做出艱難決定的複雜情況做好準備，但可以試著用正確的資源、訊息，基於價值觀的基礎來裝備自己。

這一點至關重要，因為久而久之，在環境、情況與自我選擇的影響下，你的是非感會逐漸退化。你跨越紅線，下一次又跨得更多，為一次又一次不道德的行為辯護。當跨越得太遠，你可能會完全看不見界線在哪裡。最終，你會不知道做正確的事是什麼樣子。當我們做正確的事時，最好的事就是我們對自己的選擇以及對世界的影響感到滿意，這激勵我們繼續做正確的事。價值觀不是你寫在一張紙上，然後放進抽屜或掛在牆上的東西。價值觀是你用來採取良善行動的依據。

這並不總是一個容易的選擇,但它永遠是最好的選擇,它能幫助你學到最深刻的一課。

> **透過做正確的事來學習**
>
> - 在你人生中,是否有明知不對還是去做的時候?對你的結果如何?對別人的結果如何?
> - 在過去,當你有勇氣做正確的事時,你從自己、他人或環境中學到什麼?
> - 你現在正為一個決定或挑戰掙扎嗎?如果你去除所有複雜因素,做正確的事會是什麼樣子?有沒有一個《華爾街日報》的測試版本能適用?

第 23 章
把麻煩問題變成機會

我大部分的職業變動都反映了一個特色：我選擇一家正遭遇麻煩的公司工作。這些似乎是該避開的工作，但我從來不這麼想。當你成為一個團隊或公司的高層負責人時，你的工作就是不要把事情搞砸。這聽起來往往比「找到解決問題的方法」更困難或更令人生畏。我喜歡解決問題，事實上，在百事公司解決一個接一個問題的經驗，讓我得到百勝餐飲的夢幻工作。

成為問題解決者

解決問題與主動學習密不可分。你可以透過解決問題來學習，這有兩種方式。第一，問題一出現你就馬上發現它，然後學習如何解決，這樣你就能防止問題影響你。第二，如果問題已經擺在眼前，你也必須學習，這樣你才能盡可能有效

地解決它。

雖然大多數人傾向逃避問題──忽略問題出現的跡象或刻意淡化它,但主動學習者擁有不同的心態,他們總是會去解決自己看到的難題。

這就是為什麼「從解決問題中產生的學習機會」被納入我們Lead4Change計畫的課程中。這門課程包含幫助學生學習「預見難關」與「排除障礙走向成功」的模組。當學生藉由提高對遊民的認識、解決環境挑戰、幫助城鎮中新近剛定居的移民、提高當地食物銀行的食品品質等來解決重大問題時,他們也學到很多東西。

這些學生正在學習如何讓人們參與進來、組織起來,並克服挑戰。他們正努力了解自己試圖幫助的人,以及他們面對的其他困難。他們學習如何在下一次把問題解決得更好。也許他們會愛上自己正在處理的任務。

根據導航應用Waze創辦人、《做難而正確的事》（Fall in Love with the Problem, Not the Solution）一書作者萊文（Uri Levine）的說法,尋找問題解決方案的個人與公司會得到兩大好處。「如果你遵循一條路徑而且解決方案奏效,那你肯定在創造價值。當你告訴人們你將解決這問題,並詢問他們的看法時,你就像承擔了一項使命。」而且有時,你會發現有全新且嚴峻的難題需要解決。

盧貝斯基（Daniel Lubetzky）是KIND零食公司創辦人,他在以色列學習期間創辦了自己第一家食品公司PeaceWorks。他

致力於促進以色列與阿拉伯鄰國間的經濟合作。當他得知一家生產醬汁與醬料的以色列公司因為成本太高而面臨倒閉時,他說服這家公司從阿拉伯製造商與巴勒斯坦農民那邊購買原料。PeaceWorks 就此誕生。

維持公司,尤其在最初幾年,十分不容易。「讓我堅持下去的是一種使命感:我在這裡協助建立和平的基礎,」他在《做良善事》(Do the KIND Thing,暫譯)中寫道。[1] 如今,解決良善遇到的挑戰 —— 缺乏良善或缺乏對良善的理解,是他使命的重要組成部分,這已融入公司的工作與社會責任行動中。

「從一開始,我們的使命就是增加同理心與良善,讓良善成為一種心態,」他告訴我。「我們在慈善與行銷上的很多投資,都是為了幫助人們更友善地對待彼此,把良善放在心上,成為我們希望所有孩子追求的特質⋯⋯我們不能只藉由銷售產品來實現這一點。我們必須建立一個社群,讓人們參與我們的旅程。」

盧貝斯基透過問題驅動使命的學習,為公司帶來巨大的成功,公司本身也在主動學習解決製造健康、美味、天然零食問題的方法。

痛點是轉變的起點

成為問題解決者的第一步,是要有正確的心態,尤其是那些有賴團隊努力的重大問題。大問題往往看似難以解決,導致

團隊認為自己沒有發揮空間，進而否決每個解決方案。當我在 1992 年成為百事可樂的營運長時，營運就是這樣一個問題。從預測到定價，再到裝貨與交貨，幾乎每個方面都需要改善。情況糟糕到，如果把營運資金存在儲蓄帳戶，收取的利息都比那時賺得多。

在我上任前，執行長決定召集全公司 6000 多人，在達拉斯會議中心討論這些問題。我被安排在餐後演講。

這次會議的話題圍繞在痛點上：客戶的痛點、員工的痛點、財務的痛點。似乎每個人談論的都是出問題的事情。那不是我的風格。當我站在眾人面前，我一句話也不說。整整十秒，會場一片寂靜。我最終開口，「有件事我想讓你們知道。這是一家偉大的公司，我不希望這裡的任何人忘記這一點。」

全場爆出如雷掌聲。

自從我參與雷查爾斯（Ray Charles）的「寶貝，你選對了，嗯哼」百事可樂廣告後，我就在公司被戲稱為「嗯哼男」（the Uh-Huh Guy）。我把「嗯哼」副歌運用在大規模行銷活動中，它成了一句流行口頭禪。當我站在這 6000 人面前時，令人驚奇的事出現了。隨著我繼續往下講，內容不是關於問題，而是關於解決方案，人們開始用「嗯哼」來回應。一開始只有幾個人，但很快地 6000 人都加了進來。我說，「然後我們要做這個，」他們就齊聲回答，「嗯哼！」「之後我們要做那個，」他們又齊聲說，「嗯哼！」會議中心儼然成為老式的帳棚培靈講道會。

在那之後不久，我們就走出低谷。我想那次演講，點燃了全部員工心中的火焰。演講並沒有解決問題，但它確實把我們的心態，從「一堆無法克服的困難」轉為可以接受的挑戰。把痛苦轉為可能。當我們處理一個又一個問題時，就愈學愈多，使下個問題更容易解決。

我從必勝客前執行長伯格倫（Scott Bergren）那裡學到一個很好的技巧，可以將人們的思維從「不可能」轉變為「可能」，稱作「翻轉劇本」（flip the script）。當有人說「那做不到」或「這不可能」時，他會說，「那麼，你會怎麼做來解決這問題？」

優先找出問題所在

雖然擁有正確的心態很重要，但主動學習者知道這是次要的挑戰。**首要挑戰是，你無法解決你不知道存在的問題**，所以主動學習者會請教顧客或其他利害關係人來找出問題。顧客與利害關係人可能會揭露已經出現，或即將出現的問題。

根據我身為主動學習者的經驗，我發現**人們並不總是擅長對你提出改進建議。但他們很懂得告訴你什麼讓他們失望。這就是你發現需要解決問題的方法**。在百勝餐飲，我們透過問題檢測研究與顧客展開對話，這有助於了解他們最需要我們做什麼，讓我們能進行重要的產品創新。

請注意，我們沒有將這個過程稱為「解決方案挖掘研究」或類似的東西。我們需要先找到問題所在。Twilio 共同創辦人暨執行長勞森（Jeff Lawson）告訴我，他認為企業就像探勘者，

在世界各地挖掘黃金——讓自己脫穎而出並快速成長的事物。

Twilio 是一家用後端雲通信服務支持應用程式運作的公司（提供像是 Airbnb 應用程式中的簡訊功能）。但是真正關鍵的是，「黃金並非解決方案，」他說。「問題才是黃金。找到你客戶需要解決的一個真正龐大、棘手、重要、困難的問題，這是企業的最大挑戰，而不是解決的部分。」個人也可以依循此做法，主動學習者明白這點。他們在問題中看到機會與價值，所以會尋找巨大或經常發生的問題，然後試圖解決。

當我在 1994 年來到肯德基，公司正面臨多重挑戰時，我也採用類似的方法。我採取的第一步是參加區域加盟商會議。在一次會議上，一位脾氣暴躁的年長加盟商站起來說，「孩子，你最好乖一點，有很多像你這樣的人來過這裡。」我感覺有點被冒犯，但我也明白為什麼他是這樣的態度。加盟商見過不少總部的人做了一些直接影響他們生計的事（通常是負面的）後，就跳去下一份工作。我向他與其他人保證，在我們扭轉公司頹勢前，我哪兒也不會去。我會努力解決核心問題，不是在問題上貼幾個 OK 繃，在 OK 繃脫落前趕緊離開。

我們總共召開九次區域加盟商會議。每次會議，我都會列出至今了解到的東西。然後我把加盟商分成七到八個人一組，讓他們假裝自己是肯德基總裁，一個小時後回來告訴我他們的首要任務是什麼。他們的回答：品質、新產品、更多培訓，這些並不出人意料。我們都明白問題出在哪裡，但詢問加盟商的

想法，比走進會議告訴他們需要做什麼要有效得多。我試著做Waze執行長萊文強調的事，那就是與遇到問題的人交談，真正去了解他們。我們與加盟商一起，制定了一個行動計畫。我們從各自的「我」合成了「我們」。我在第16章分享過我們是如何解決肯德基的問題，我在此複述該章中所寫的：是人類精神的勝利造就了肯德基最終的轉虧為盈，因為我們只有在合作解決問題，而不是互相指責與迴避問題時，才開始產生或發現新產品的想法。

解決嚴重問題最大的好處之一是，你可以感受一下沒有這個問題的世界，即使只是一段時間，或只是對一群人。讓問題消失具有驚人的激勵力量。幫助別人解決問題是個絕佳的學習機會。當百勝餐飲決定對付飢餓問題，我們學到如何最有效地捐出金錢與時間來創造最大的影響，並激勵員工盡其所能做出貢獻。我們加入世界糧食計畫署（World Food Programme），我們在世界各地擔任志工，我們利用自家餐廳喚醒人們對飢餓問題的關注。在肯塔基州路易斯維爾，40%的孩子餓著肚子睡覺，所以改善生活諾瓦克家族基金會贊助「敢於關心」食物銀行。我們知道，這些努力無法消除所有社區中每個人的飢餓。但我們努力學習，至少解決一些人的問題，這也是值得的。或許這項學習能在未來為其他社區根除飢餓問題。

說服自己解決問題的最好方法，就是把它視為學習的機會。問題愈龐大，你在解決它時就會學到愈多。想想科學家，甚至整個國家，在試著解決把人送上月球的問題中學到什麼。

更有可能的是,你的生活或工作中就潛伏了一個問題。請找到它並加以解決。

透過解決問題來學習

- 你在生活或職業生涯中解決過最大的問題是什麼?你從這個過程中增加了哪些自我認知、新技能,或性格優勢?這些學習是如何幫助你前進?
- 在工作與生活中,你在哪些方面感到停滯不前?你是否做過問題檢測研究來找出問題根源?在那情況下,研究過程是怎麼樣?你會問什麼問題,問哪些人?
- 你現在有沒有在逃避什麼問題?是什麼阻礙你去解決它?你是否想過解決這問題能讓別人受惠,因為那可能是你嘗試的動力來源?

第 24 章
從簡單的做起

　　我的女兒芭特勒早產了兩個半月,體重只有 2100 克。醫生警告我們早產可能引發併發症,甚至告訴我們她可能根本活不下來。然而,當我第一次見到她時,滿腦子就是她好漂亮。我伸手去摸她的手指,她立刻就抓住還捏了一下。就在那時,我知道她會活下來。

　　我陪著她與溫蒂,看著她們克服因為溫蒂糖尿病引起的併發症。溫蒂失去大部分的視力好幾個月(最後靠雷射手術恢復視力)。我努力保持樂觀,盡我所能確保芭特勒度過難關。

　　我被告知她的肺、大腦與心臟還需要發育,但我想我們一定還能做些什麼來幫助這過程。我問:「什麼能讓她活下來?」醫生告訴我們,研究顯示,我們陪伴她的時間愈長,她活下來的可能性愈大。他們說,經常接觸很重要,聽到我們的聲音也十分關鍵。(最近的科學研究證明這一點,有肌膚接觸的早產兒情況比較好,更常聽到母親聲音的嬰兒也是如此,即

使是通過播放錄音。[1]）

溫蒂與我把所能的每分鐘花在新生兒加護病房陪她。當我們不得不睡覺時，就請護士播放我們錄音機的錄音，讓芭特勒知道自己不孤單。當她終於比較常睜開眼睛時，我問「她能看到什麼顏色」護士告訴我紅色，於是我給她買了一個畫著笑臉的快樂紅蘋果。

當然，她活下來了。隨著她逐漸長大，當我給她蓋被子時，她捏我一下手指就成為我們睡前的慣例。在她結婚那天，我把她交給新郎前，她抓住我的手指捏了一下，我回到座位時已然淚流滿面。芭特勒的快樂蘋果現在放在她自己孩子房間的架子上。

簡化議題

在我一生中，一直在用「學習如何讓女兒活下去」同樣的策略：**我盡可能問簡單的問題，以得到最重要、最深刻的答案。**當我試著決定是否雇用某個人，而他符合所有其他標準時，我總會問自己一個簡單的問題：「我想讓芭特勒為這人工作嗎？」當我試圖釐清如何發展或改善一個團隊或企業時，我會問我領導的人：「如果你是我，你會怎麼做？」或著我會問自己，「如果有個經營之神來接替我的工作，他會怎麼做？」在行銷上，我會一遍又一遍地問自己，「我們需要改變或養成怎樣的觀點、信念，或習慣，來讓業務成長？」當團隊能扼要地回答這問題，我們幾乎都能挖到金礦。（例如，塔可鐘讓顧

客改變了對漢堡的概念，如我們的廣告宣傳所言，『跳脫漢堡麵包來思考』，為品牌賺取豐厚收益。）

簡單的提問是通往需要學習的基本真理與價值非凡資訊最直接的途徑。但如果我沒有先簡化議題，往往不可能做到。**如果你無法把議題歸結為最簡單的形式，就很難提出一個簡單的問題**。以芭特勒出生時的情況為例，她面臨許多複雜的醫學與生物學挑戰。但從最簡單的角度來看，這是一個攸關生死的議題。

並非所有議題都如此嚴峻可怕，但都能歸結到一個簡單的要素。就如珠寶名人斯考特關於顧客服務的著名「姊妹法則」（Sister Rule）：如果客戶是你的姊妹（或兄弟），你會怎麼做？

主動學習者知道，啟動學習最快速的方法就是簡化。這是一個良性循環：**主動學習者花時間簡化才能學習，而這過程也讓他們花時間去學習如何簡化**。他們正在學習的是最重要的資訊，這些資訊能幫助他們採取最有效的行動。

前田約翰（John Maeda）是一位藝術家、產品設計師，同時也是麻省理工學院的企管碩士學生，他在幾年前創立了 MIT 簡單聯盟（MIT SIMPLICITY Consortium），寫了一本簡單而精采的書，名為《簡單的法則》（The Laws of Simplicity）。該書在一百頁的篇幅裡，分享了十條法則。法則四是「學習」：

> 操作螺絲看起來很簡單。只需要找到與螺絲頭凹槽匹配的槽形或十字螺絲起子即可。接下來發生的事

情就不那麼簡單，你可能會看到孩子或受到過度保護的成年人把螺絲起子轉到錯誤方向……因此即便螺絲的設計很簡單，你必須知道往哪個方向轉動它。知識使一切變得簡單。這對任何事物都適用，不論它有多難。花時間學習一項任務的問題是，你經常覺得自己是在浪費時間，這違反了法則三「時間」。我們都知道「一頭栽進去」的做法──「我不需要指示，讓我就這麼去做吧。」但事實上，這個方法往往比按照手冊上的說明去做還要花更長的時間。[2]

從複雜中獲得簡單需要時間、努力與意圖，但主動學習者知道花這時間是值得的。

每當我試著找出問題根源、傳達緊要訊息，或學習一些關鍵事物時，我都會試著「讓它成為鴨子與山羊」，這是我「保持簡單」的說法。它來自於我給芭特勒的兒童讀物，這些書通常篇幅短小，講的是鴨子和山羊這樣可愛的動物。我注意到，這些書引人入勝，令人難忘，讓複雜的思想容易理解。相較之下，我們成年人生活與工作中看到的往往是複雜的報告、難以遵循的指示、永遠無法應對現實生活挑戰的健康養生法。

我看過一些執行長花費數百萬美元聘請顧問，因為他們沒有花時間簡化公司的業務、挑戰與機會。百事公司的每個部門都有顧問。對我而言，這似乎是一種浪費，因為領導者甚至沒有簡單的定義真正的問題是什麼。他們不知道自己想從顧問那

邊得到或需要什麼。他們只是想試著證明自己的價值。就如企業一般，我看到人們因為沒有花時間簡化自己需要或必須做的事而苦苦掙扎、感到焦慮，並蒙受損失。

我認為重要的是，要努力簡化三個關鍵領域：

首先，簡化你的策略、目標或使命。沒有什麼比嚴密的策略更讓人感到解脫，它使你絕對清楚下一步該做什麼。我確保我們所有策略都是簡單明確，只能用一種方法來解釋。人們清楚怎樣算成功，以及如何獲得成功。當我們沒有在錯誤的方向浪費時間，我們能學得更快。當我離開百勝餐飲，我花時間簡化了自己的主要目標──培養更優質的領導者，讓世界變得更美好，這樣我就非常清楚自己每天應該做什麼。當有了清晰目標的指引，我能學到更多最重要的東西。

第二，簡化你的溝通。我在高中擔任校報的編輯。我非常喜歡這個工作，所以決定在大學修新聞學，這門課教會我簡化溝通的方式，因為這就是記者的工作：用盡可能精簡的字句，以任何人都能理解的方式，傳達最重要的訊息。

然而，簡單的溝通不意味著它無聊。簡單往往是你突破噪音的方法。無論你是在策劃一場廣告宣傳，試著穿過二十層的管理層傳達訊息，或是想辦法和孩子談論打掃房間或約會，你都必須找到一種吸引人、容易記憶的方式，就像鴨子和山羊。

我在高中的報紙也這樣做，當時我寫了一篇社論批評我們籃球隊的教練，我們籃球隊是全州最好的球隊之一，但似乎從來沒有贏得冠軍。你不應該批評任何教職員，尤其是一位在校

執教多年的教練,但這篇文章引起了人們的關注。

二十五歲時,我在凱契姆-麥可勞德-格羅夫廣告公司（Ketchum, McLeod, & Grove）為詹姆斯（Tom James）工作,繼續接受簡明清晰的溝通訓練。他讓我重寫六到七遍試售分析備忘錄,直到我能在一頁紙上提出建議,並解釋建議背後的邏輯依據。從那之後,我一直試著強迫自己運用同樣的紀律,因為它幫助我在過程中釐清,並了解我想要傳達的內容。這個做法迫使我去除不必要與不相關的事物,來清理腦中的混亂。

當我和巴菲特請教如何與華爾街分析師溝通時,他只給我看自家的波克夏海瑟威公司（Berkshire Hathaway）年報。這些年報極具傳奇色彩,已經成為收藏家的珍藏品。他是這樣對我解釋他的做法:「我與股東與潛在股東對話,就像我和妹妹博蒂（Bertie）交談一樣。博蒂很聰明,但她不了解我們的業務。」因此,我以一個無聲的「親愛的博蒂」開頭,然後用簡單的英語寫下我認為她會想知道的事:我們目前達到的成果,我們想達成的目標,你可以如何衡量我們,對你有什麼好處。我認為投資者比我懂得多,但巴菲特提醒我,他們沒有,至少在我公司是這樣。我寄給他一份我依照他簡單明瞭原則寫的下個年度報告,他回信說,「博蒂會以你為榮。」我把這張回信掛在辦公室,提醒自己保持簡單。

第三,將情況、環境或做法,簡化為成功的基本要件。花時間去了解你目前所做事項的基本面,並檢查自己是否做好。

第 24 章　從簡單的做起

　　我參與過的每次企業重組都要求公司回歸基本面：品質、價值、服務、營運、創新或改善。在這種情況下，大多數領導者想要做的第一件事，就是立即產生影響，所以他們傾向普遍可見的東西，像是新的廣告宣傳或促銷活動。但我了解到，更重要的是先簡化情況，並做好基本工作。

　　1992 年，在我擔任百事公司營運長的前幾個月裡，我們的工作重點是讓卡車有效率地駛出倉庫，並確保卡車離開時，車上有足夠的產品。這些基本的東西，你不會把它放進廣告裡。我在 1990 年幫肯德基轉虧為盈，在 1993 年帶必勝客扭轉頹勢時，兩家公司都忽視了品質。必勝客減少了披薩的配料，肯德基也不再用調料醃製雞肉。在此過程中，領導者忽略了某些基本面。新的行銷活動很誘人，可以促進銷售，但如果你沒有在披薩上放足夠的義大利臘腸，你的廣告再酷也沒用。你終究不會成功。

　　人們對企業所做最糟糕的事，就是增加無法提升業績的複雜性。如果你在困境掙扎，那就簡化並專注基本面。將你正在做的工作與基礎工作進行比較。你是致力於還是偏離了基本面？福來雞（Chik-fil-A）在這方面做得很好，它從建立事業基礎的產品開始：一種非常好吃的雞肉三明治。藉著聚焦在品質與服務的基本面，福來雞的團隊學會如何把基本面做得比別人更好。因此，福來雞的銷售量是其他公司的三倍。

　　前田約翰喜歡說，「簡單＝明智。」Zoom 創辦人袁征（Eric Yuan）可謂理解這概念的核心。Zoom 的建立是為了解決人們

對其他大多數視訊會議工具過於複雜的抱怨。他想讓 Zoom 盡可能簡單易用，並從 Google 與蘋果等簡化高手尋求靈感。他也想把這種簡單融入公司的運作方式、產品的定價方式與其他事項中。他告訴我，「上班第一天我就告訴團隊與我自己，要在每天開始工作前，先想想如何簡化流程步驟。」他想要避免太快建立起流程，因為這會導致不必要的複雜性與不滿意的員工或客戶，而且通常還是需要回頭去簡化流程。「我認為那就為時已晚，」他說＊。因為你已經讓人不滿意了。從一開始就簡化的流程，幫助他們了解滿足員工與客戶需求的基本要素，這是他們成功的關鍵。

在《少，但是更好》（Essentialism）一書中，作者麥基昂（Greg McKeown）解釋說，專準主義者（essentialists）是那些「在做出任何決定前，評估一系列廣泛選擇」的探索者。因為專準主義者只會專注並投入少數幾個想法或活動，他們會在一開始探索更多選項，來確保之後選擇正確。」[3] 這些關鍵少數是我們每個人過上幸福、充實、成功生活所需的基礎或基本要素。一旦我們讓生活過度複雜，遠離了這些要素，我們就會感到不那麼快樂、不那麼成功，也不那麼充實。

學習本身就是一種簡化所有資訊的方法，這樣我們就能吸收它、處理它，然後採取正確的行動。但是當我們有意識地去

＊ 請注意，袁征的母語不是英語，為了清晰起見，我稍微編輯了這些引言。

做，在生活遇到複雜事項時都努力去簡化，我們就能學得更多、學得更快。

> **透過簡化來學習**
>
> - 在過去，當你花時間簡化看似過於複雜的事物時，你學到什麼？在嘗試理解業務、流程或情況的基本面時，你學到什麼？
> - 你用什麼方法讓溝通盡可能簡單與吸引人？例如，一封重要郵件在發送前，你會重讀多少遍？在你努力簡化後，是否發現更理解自己想表達的內容？
> - 你覺得現在的工作與生活中，有哪些部分過於複雜？哪些事讓你感到緩慢、停滯或困難？你可以用什麼策略來開始簡化？

第 25 章

不要藏私

米爾克曼（Katy Milkman）所著的《零阻力改變》（How to Change）中，包含了大量的逆向思維智慧：給予建議比接受建議更有幫助。

在一項研究中，米爾克曼與她的同事請高中生就「如何取得成功」給低年級學生一些建議。他們提出的大部分建議都是自己曾收到過的：養成良好學習習慣、不要拖延等。「瞧，我們的策略奏效了，」她寫道。[1]「那些花幾分鐘給建議的學生表現明顯改善……它沒能把後段生變成模範生，但確實提高來自不同家庭高中生的表現。」

分享即是學習

主動學習者了解，我們能藉由與他人分享所知來學習。主動學習者是想法、知識、技能與見解的超級傳播者。分享知識滿足了人們的學習欲望，並帶來充實與快樂。在米爾克曼的研

究裡，甚至有許多年輕人詢問是否能再做一次。

這種教學的樂趣，一直是我工作與生活中的指路明燈。如果你問我，當我還是隨家人四處遷徙的孩子時，長大後想做什麼，我會說「棒球選手或老師」。當然，我沒有在棒球界發展，但當我晉升到領導職位，花更多時間幫助人成長與取得成就時，我發現自己在某種程度上已經成為一位老師。

你可能會想，「這跟前幾章諾瓦克告訴我們的目標不同。」確實如此。我在整本書分享了我對領導的熱情，但教學與領導是彼此交織的。**要成為一位偉大領導者，你必須將所學傳授給他人**，這也是我最喜歡的領導力面向。把我們的知識與經驗作為禮物贈予他人，是最令人滿足也最有意義的事。你還能從這麼做中，學到許多東西。

極為成功的英國食材自煮包公司 Gousto 創辦人博爾特（Timo Boldt），向我講述了他開始在會議發表演說，並為企管碩士學生進行客座演講的經歷：「如果你被迫把想法濃縮在一張紙上，而且要寫下來，你知道聽眾都是受過良好教育、見多識廣，不能即興發揮，你會驚訝地發現，這樣能幫助學習你已經知道的東西。」

大腦中發生的兩件事，幫助我們「學習我們知道的東西」。其中之一是，當我們口頭與他人分享想法時，我們會更相信這些想法，尤其當我們試著說服別人相信時，更是如此。心理學家稱之為「說出即相信效應」(saying is believing effect)。想說服自己每週花時間運動三次嗎？就試著說服別人

在自己的日程表中，加入一個簡單的運動方案。另一是，說話（與寫作）讓我們大腦的不同部分發揮作用，而不只是思考，這能改變我們對一個觀點的看法。這也是為什麼，我們絞盡腦汁想不出問題的解決方案，但在我們大聲和另一人解釋問題時，一個優秀解決方案就會突然出現在腦海裡。說出想法迫使我們放慢速度、拉高視野（簡化總結），並整理我們的思緒。

教會別人，自己學到更多

有回我在百事公司工作時，恩里科把我叫到他的辦公室，對我說：「諾瓦克，我知道你有很多關於做大事團隊的建立理論，這些理論似乎十分有效。我希望你制定一個教導高潛力領導者的課程。」需要說明的是，我的許多「理論」，是經過驗證的見解，這些見解是我從其他專家、自己的導師與老師那邊收集來的。儘管如此，我還是把它視為一項真正的讚美，並為接受這項任務感到興奮。

建立這門課程、將我所認為的優秀領導力編纂整理的過程，是一次強大的學習經驗。作家與演講者會告訴你，建立一個課程或任何教學內容會促使你質疑自己加入的每個想法。這是真的嗎？我能證明或支持它嗎？這合理嗎？這真的是最好的主意嗎？它如何與其他想法匹配？這種深入的分析迫使你捨棄那些無效或不重要的想法，深入挖掘有效的想法。這迫使你比平日習慣或適應的要更專注並更去反思。（對作家而言，這真是勇敢之舉，因為書是獨立存在，你無法在旁邊說明或解釋。

這就是為什麼我如此敬佩作家的原因。)

當我分析領導力,從不同角度加以考慮,並擴展或證明我的想法時,就如博爾特所言,我學到自己不知道的東西,也學到已經知道的東西。**主動學習者利用這個過程,將他們的想法整理成易於理解與分享的東西。**當你編纂時,可以加以擴展。你想伍登教練是如何提出他現在知名的成功金字塔?

想要教得好也迫使你精益求精,持續尋找新的材料,以讓自己的想法符合當下並切合需求。教學迫使你學會講故事,這是一項無價的技能。故事比任何其他類型的資訊都更有黏性。如果你想讓人記住你的想法,最好用一個引人入勝的相關故事,帶著情緒張力來表達。

我努力建立一個領導力課程,我希望它不僅能提供資訊,還能提供啟發與娛樂,我期待有機會能與百事可樂的同事分享。但我一直沒有機會。餐廳部門被分拆的消息(最後成為百勝餐飲)在我預定第一堂講座的前一週發佈,所以我將課程取消。我不想讓自己所有的努力付諸東流,所以開始考慮如何在百勝餐飲運用這計畫。

領導者親身教,有效塑造企業文化

威爾許(Jack Welch)是商界傳奇,在 1997 年百勝餐飲成立前不久,皮爾森安排我去見他。午餐中,在我瘋狂記下兩個小時的筆記後,我問了他最後一個問題:「如果你是我,你會關注的最重要一件事是什麼?」

「你知道，」威爾許，「當我回想起在奇異早期的日子時，我希望當時能做的一件事，就是多談談我們想成為怎樣的公司，我們的價值觀是什麼，我們將如何合作，以及我們作為一家公司要如何定義自己。」這句話確認了我一直以來的想法。我想讓我們的公司與眾不同，成為一個王朝，我想傳播這個福音。我決定利用我稱為「動心領導學」的領導力課程，做為幫助員工理解公司願景、策略、目標與文化，尤其是我們文化的媒介。我幾乎慶幸自己沒有機會在百事公司推行這課程。現在，我可以把這套課程傳授給自家員工，並根據餐廳業務進行調整，以建立我們與眾不同的全新公司。

我第一次教授動心領導學的課程是在一家倫敦飯店的會議室，聽眾只有八位歐洲總經理。從那之後的幾年裡，我向五大洲超過4000人教授這套課程。動心領導學已成為我們在大衛諾瓦克領導力組織與改善生活基金會所做許多工作的基礎。

隨著我愈來愈懂得如何完善想法、讓演講更緊湊、更引人入勝，講座也不斷進化。三天課程被縮短為兩天。有時我想將課程模組化，這樣公司裡的其他人就能傳授它，但我更喜歡親自教授，有時候這比內容本身更重要。首先，我會分享我直接請教專家的領導經驗，這會讓我的想法更可信。人們會感覺這些想法未經過濾，與源頭非常接近。其次，授課讓人有機會把面孔和名字對應起來，聽我講自己的成功與失敗，並與我共度這段時光。全公司有這麼多人有機會認識我，並能自在地與我交談，似乎是我們文化的基礎。

我知道,親自授課之所以特別與強大,部分原因是身為執行長的我在教授它。經常有人問我,我背負這麼多其他責任,如何證明自己花如此多時間在授課上面是合理的。我會回答,這是我能做最有效能且最有效率的事,因為員工能看到我正在實踐自己分享的思想與價值觀,激勵了他們加以效法。這還傳遞了一項潛在的訊息:「如果我們的執行長花這麼多時間來教授團隊合作與領導力,那它一定很重要。」

但最終,我需要擴大這些想法的規模,讓公司裡每個人都能接觸到,所以我把它寫成一本書《帶誰都能帶到心坎裡:40000 個店長都是這樣升上來》。

哈里森(Bill Harrison)對自己在摩根大通的領導力課程也有同樣的感覺。他告訴我,文化建設的一個重要部分是「透過團隊合作與夥伴關係團結人心,讓他們了解策略、理解問題,並加以討論。」做為一位領導者,這是他最喜歡的工作,但在 2000 年摩根大通(JP Morgan & Co)與大通曼哈頓銀行(Chase Manhattan Bank)合併後,這項工作變得尤其重要。「當你把兩家實力雄厚的銀行合併在一起時,團結人心非常重要。所以我開始一項領導力課程。」該課程在兩家公司合併後,連續兩年每個月授課兩天。哈里森擔任主持人,並教授部分課程。他還引進外部支持。當時我是該公司的董事會成員,所以有機會傳授關於表揚力量的課程。「這是一個與所有人建立聯繫,塑造我們文化的方法,」哈里森說。

在互動討論中激蕩教與學的智慧

我從這些課程中明白，你不僅更加深入了解自己的想法，還從授課對象那裡學到新想法。當然，這只有在你把教學當做討論而非講課的情況下才可能發生。我講過皮爾森在教授哈佛企管碩士學生第一學期後，得到差勁評價的故事。「他們說我沒在教學，只是在說教，」皮爾森告訴我。對我有熱情的事物，我也難免會說教，所以我刻意把課程安排為一個小組討論與問答時間，而非單向的演講。我要求每位參與者都帶進一個自己認為對公司發展有最大影響的想法或專案。我必須加以學習，並指導人們如何實現這些想法。正如查尼納（Rabbi Chanina）在久遠的一世紀時所說，「我從老師那邊學到很多，從同事那邊學到很多，從學生那邊學到最多。」[2]

我經常根據人們在上課中問我的問題，來重新評估我的想法。例如，我提到一個原始的想法是，「有些人會說，整個過程裡不可能每一步都做到。」但當一位出席者問道，「如果他們是對的，會怎麼樣？」促使我重新思考評估。這是個實在的問題。我開始把擁有信念的想法與「了解並克服通往成功的障礙」課程結合起來。

我在講座上使用的問答，是我自己版本的蘇格拉底詰問──用一連串激發思考的問題，來鼓勵聽眾得出自己的結論。這就是為什麼本書的每章末尾都設計了問題。我在我們的訓練中大力提倡這種方式。從企業界用「訓練」一詞就能看出

這問題。它暗示了一種死記硬背、有樣學樣的過程，而不是真正的學習，真正的學習強調讓聽者投入並參與。我們文化中傳播的，正是用討論導向的課程來分享知識。

教學還可以幫助你了解自己的聽眾，這也是你與更大群體建立聯繫的方式。知名化妝師及企業家波朗（Bobbi Brown）已經出版了九本書，還開設一個化妝大師班。她在《今日秀》（Today show）擔任十四年的美容編輯，負責每個月的教育欄目。她做了許多教學工作，也相信自己是位好老師，因為多年來她對觀眾培養了同情心與同理心。她理解人們在自我形象與自信上的掙扎，並真心想要給予幫助。

你的教學能力必然和學習能力一樣強，我想不出哪個真正的主動學習者不花時間教學，部分是因為教學太有收穫。我最喜歡教學的部分不是授課本身，而是發現人們如何利用這些想法來創造不同。在百勝餐飲，這是一天結束時的神奇時刻，每個人在輕鬆友好的團體相聚，討論下週要做些什麼不同的事。或是我在課程結束後詢問參與者，了解他們如何把所學付諸實踐與如何主動學習時，所收到的回饋。

任何一位老師都會告訴你，人生最大的喜悅莫過於你的言語行動促使人們審視自己的行為、想法、思維與習慣，或許你在一些小地方上，改變了他們的人生。我希望你能體驗同樣的快樂，並從你學生身上學到影響深遠的一課。

透過教學來學習

- 你是否曾想過如何向別人傳授一個想法、方法或過程？如果有：
  - 你對自己教授事物的理解與清晰度有什麼變化？
  - 你從你教的人身上學到什麼？也許是從他們提出的問題或分享的例子？
- 在你生活或工作中，是否有什麼正在努力學習或堅持的事物？你可以教誰嗎？

第 26 章
真正的關心需要付諸行動

在我寫這本書的時候,我的妻子溫蒂中風了。幾個月前,她的血糖持續下降導致嚴重的癲癇發作,這對糖尿病患而言幾乎是致命事件。那次癲癇發作引發一連串其他健康問題,最終導致中風。

溫蒂中風後,我發現自己會在夜晚流淚,在高爾夫球場痛哭,繞著房子走。我感覺我要失去我的妻子、我的伴侶、我一生的摯愛。有天我接到蘭格恩的電話,他是家得寶的共同創辦人,也是我多年的導師。他以強硬、性急與大嗓門著稱,這些都是他用來形容自己的詞。但那天他知道我很沮喪、很掙扎。「大衛,」他說,「我要帶你去兜風。我們去吃冰淇淋吧。」於是我們去冰雪皇后(Dairy Queen)餐廳,坐在得來速車道聊天。他告訴我,當他還是孩子的時候,若他哪天過得不好,父親就會帶他去冰雪皇后。父親告訴他,只要有冰淇淋,什麼事都會好得多。這是一種對他意義非凡的關懷舉

動,他認為對我也有意義。這是我吃過最可口的冰淇淋。

蘭格尼是一個可以給你任何東西的人。這毫不誇張,而我從他身上學到的是,關懷舉動與傾聽的耳朵是最珍貴的禮物。我感受到支持與關愛。我感覺我對他很重要。這個舉動幫助我重燃希望與樂觀。溫蒂經過艱苦的努力與一段時間,終於從中風康復,因為蘭格尼與生命中其他人為我做的一切,我也能更妥善地照顧她。

把人放在第一位

主動學習者明白,應該優先考慮的是人,而不是知識或結果。我們如何鼓勵人,如何表達我們的感激,如何傳達我們對他們的關注與在乎,會比最新季度收益或最新市場排名產生更大影響,尤其把時間拉長看。我之前說過,我真的很想贏。但若那些促成勝利的人不知道自己有多重要,你就不會贏得長久的勝利。

我們時常聽到這樣的建議,它幾乎成了背景音樂。「以人為本」似乎是個顯而易見的常識。但就像大多數的忠告一樣,顯而易見並不會讓它變得容易,也不代表人們就會遵循它。人們與公司都很擅長口頭上支持這想法。但他們很少透過行動展示自己把人放在第一位,就像蘭格尼為我做的那樣。

主動學習者把焦點放在建立深刻且積極的關係。傑出的系統思考家、自我超越(personal mastery)概念專家、《第五項修練》作者聖吉(Peter Senge)解釋說,「具有高度自我超越意識

的人⋯⋯能感受到與他人及生活本身的連結。」[1]他們之所以有這種感覺,是因為他們生活在「持續學習模式」中。他們對別人好奇,這增長了他們的同理心、同情心,以及從別人角度看問題的能力。主動學習者知道這些長處會帶來更多學習,與更大的成就感。

關注他人可以幫助你更了解周圍的世界,也更加了解自己。你會發現如何展現不設防的一面,這也會鼓勵人放下武裝,分享他們原本可能不會透露的想法與見解。這些可能是最重要的想法與見解,因為它們未必容易。它們不是表象。

我一直很景仰柯文(Geoff Colvin),他是《財星》雜誌的資深特約編輯,著有《我比別人更認真》(Talent Is Overrated)與《不會被機器替代的人》(Humans Are Underrated)等書。當他上我的 Podcast 節目,他描述了只有人類能做,技術與人工智慧沒法取代的高價值工作:同理心、合作,以及我們在此過程中產生的見解與學習。在《不會被機器替代的人》一書中,他分享了一項發表在《神經科學雜誌》(Journal of Neuroscience)上關於與他人相處對大腦有益的研究:「當兩個人面對面交談,他們的大腦會同步⋯⋯相同的區域會同時亮起來。」[2]當他們讀懂對方的肢體語言和臉部表情,並試圖理解對方的想法時,大腦的執行功能會更加活躍。

執行功能(executive functioning)是我們最高等級的思考,亦即我們如何解決問題、控制衝動、在特定情況下做出適當反應、計畫、分析、制定策略、評估等。這是我們在世界上實現

目標的方式。「在面對面、親自交流的情況下，我們確實會成為一個更睿智、更有能力的群體，」柯文寫道，「面對面交流也能讓我們每個人在許多重要方面變得更聰明……當面交流是一種如此強烈、完全投入的體驗，能夠培養我們最高的整體心理能力。」

UPS 執行長托梅（Carol Tomé）在她領導生涯早期，就從痛苦的經歷學到這項教訓。托梅的團隊裡有位很有潛力的女性，但她在工作上苦苦掙扎。她需要指導。「我當時不想這麼做，」托梅告訴我。「我不了解領導的重要性在投資於人，把人放在第一位。」托梅沒有一路指導這位辛苦掙扎的員工，而是等著和員工分享一份粗略的績效評估，而且是透過電話分享。「嗯，你可以想像她後來怎麼做：她辭職了，」托梅說。

「你怪她嗎？當然沒有。但讓我難堪的是，她不是因為公司、而是因為我而辭職。她是因為我是個糟糕領導者而辭職。所以我在那天發誓，從那一刻起，沒有人會因為我而辭職。如果他們離職，是由於有其他更好的機會，到了退休的年紀，或是工作不適合自己。但沒有人是因為我而離開。自從那個事件後……我就把焦點放在以人為本上。」

我從很小的時候就被迫學習這點。當我們到達每個新城鎮，我知道自己只要交到一個朋友，就能擁有快樂，發現樂趣與令人興奮的事物，並充分利用我在那裡的時間。這段經歷與父母的榜樣培養了我對人的關注，我很自豪我也能幫助別人培養這種關注。

讓每個人感受到被在乎

當皮爾森與我合作成立百勝餐飲時，我知道自己會從他身上學到很多東西。他曾是麥肯錫公司（McKinsey & Company）資深總監，後來他幫助百事公司從十億美元企業躍升為數十億美元的市場巨頭。之後他在哈佛商學院任教，繼之跳槽到從事槓桿收購的公司克萊頓、杜比利埃與萊斯（Clayton, Dubilier & Rice），爾後才轉戰百勝餐飲。

皮爾森有著「如鋼鐵般強硬」的名聲。1980年，他曾是《財星》雜誌史上最著名文章之一、〈美國十大最難對付的老闆〉（The Ten Toughest Bosses to Work for in America）的代表人物。這篇文章可以用兩種方式來解讀，但皮爾森對此十分自豪，他把這篇文章掛在辦公室裡。

我一開始不明白的是，皮爾森做為我的導師與最好朋友之一，對我的人生會變得有多重要，也不知道皮爾森能從我身上學到什麼。我們不斷交換關於領導的想法，我和他討論了我認為創造一個「讓人願意每天來工作」的文化能實現什麼。我想這影響了他。我們在百勝餐飲工作幾年後，他對我說，「人類對一定程度的強硬與紀律有著強烈的渴望。」這是過去的皮爾森，一位強硬的老闆。但隨後他補充。「但這必須用對他人的真正關心來平衡。強硬與鐵石心腸是有很大區別的。」我心裡吃了一驚。他從我們的績效看到清楚的證據，但更重要的是，他是一個深度終身學習者，我想他發現自己可以從我們建立的

以人為本文化中學到更多東西。這個轉變發生在 2001 年，當時皮爾森是另一份雜誌《快速企業》（Fast Company）的採訪對象，文章標題是〈皮爾森找到愛〉（Andy Pearson Finds Love）。

太多領導者和組織弄錯優先順序：他們過度專注在賺錢與打敗競爭對手，以至於把員工放在次要位置。**你首先應該培養團隊的能力，然後再一起學習如何滿足更多顧客，之後你就會賺到錢**。這是我長期堅持的成功祕訣，我在百勝集團每天用一言一行強調的，就是「每個人都重要」。

布里奇曼（Junior Bridgeman）把這想法發揮到了極致。他在建立 NBA 球員的成功職涯時，也在食品產業建立了自己的事業，投資成為溫蒂漢堡（Wendy's）的加盟商。如今他擁有數百家餐廳、可口可樂裝瓶廠、《Ebony》與《Jet》雜誌。做為一位加盟商，他將數個陷入困境的市場轉虧為盈。當我問他怎麼做到的，他只是說「一切關鍵都在人身上。」

在他職業生涯早期，做了大部分新老闆會做的事：找進新人。有家店把所有員工都換了三輪，布里奇曼才意識到，如果他想讓員工在乎這家店與公司，他就必須表現出自己在乎他們。

布里奇曼最早開的幾家餐廳都在密爾瓦基。在那時，如果你因為違反交通規則被攔下，往往會被直接送進監獄。他的員工通常沒有錢保釋。因此當員工入獄沒法上班，布里奇曼與團隊會把他們保釋出來。慢慢地，**這類對員工雪中送炭的行動證明了公司對員工的關心。然後員工也相應地為公司付出關心。**

當他們這麼做，餐廳就經營得愈來愈成功。

以人為本的領導實踐

Workday 是一家與產業巨頭競爭的企業管理軟體公司，共同創辦人暨執行長布斯里（Aneel Bhusri）與布里奇曼有著同樣的信念。「我們面對的是一些非常強大的公司，」他解釋說，「我們有絕佳點子，我們有顛覆性技術。但我們需要優秀的人才。」人才是 Workday 的競爭優勢，所以他親自面試公司聘用的前 500 位員工。他特別尋找與公司價值觀及文化一致，願意長期投入，甚至有點幽默感的人。（我曾在其他地方說過，在工作中享受樂趣有多重要，因為當你這麼做能學到更多。）這些面試比他做的任何其他事都重要。「我要告訴那 500 人，『你們將要保護公司的文化與價值體系。』」

藉由推行以人為本，布斯里也對自己多了一層了解。他過去迷信名校畢業生（我無疑也遇過的偏見）。他說，「事實證明，人才無處不在。有時你只需要再仔細看一下。在某些情況下，名校不一定培養最優秀的員工。」他學會尋找那些想要成功、對工作有熱情，在生活中做過一些有趣事情的人。很少領導者，尤其是創辦人，會付出這樣的努力來建立最佳團隊。

我們的個人生活也是如此。我已經在其他章節談到我對高爾夫的熱愛，但我還沒有解釋的是，我如此熱愛它是因為，你可以在球場上與朋友共度數小時不受打擾的時光。我在球場上建立了最親密的友誼與夥伴關係。對我而言，這是一種投資於

我重要且有益人際關係的方式。

當然，最重要的是我和溫蒂的關係，我盡我所能讓她知道我們共度的生活對我有多大的意義。例如，在我們結婚 25 週年紀念日即將到來時，我買了一個很大的銀色相框，列印了數字 25 的照片，並在周圍鋪上一層很寬的霧面紙。我把這張霧面紙放在辦公室會議桌上一個月。當時我還是百勝餐飲的執行長。

每當我想起和溫蒂共同度過的特別時光或經歷，我就進去把它寫在紙上，寫得愈小愈好。我寫了「週四晚上的哈波酒吧」，這是我們大學常去的地方，還有「北京奧運會」，我們很幸運能參與，以及「最後一趟滑雪」，因為我們都喜歡滑雪，每次旅程結束前都會一起滑一段。到了月底，霧面紙上滿是回憶。當我在週年紀念派對上把這份禮物送給溫蒂時，它擁有超過一千倍的意義，因為它需要時間、精力與精心製作。溫蒂也回贈了我相似的禮物。

鄧恩（Jimmy Dunne）絕對是以人為本的模範。2001 年 9 月 11 日，鄧恩正在高爾夫球場上試圖獲得美國業餘錦標賽的資格。在比賽中間，有人把他拉到一旁告訴他，在他投資銀行山德勒歐尼爾（Sandler O'Neill and Partners）工作的人，有三分之一（六十六人）罹難，包括他最好的朋友。

鄧恩做為倖存的合夥人，協助帶領剩下的團隊度過一段黑暗而艱難的時期。他確保公司繼續營運，但也去照顧那些失去親人的家庭。他立刻做出超乎標準的慷慨承諾。每個家庭繼續

收到他們所愛的人一年的薪資,加上獎金。他們也能留在公司的福利計畫長達十年。

然後,鄧恩與一位朋友一起成立了一個基金會,為他所有罹難同事的孩子支付學費。當一位記者問他們為什麼要這麼做時,他說「因為我們相信,我們所做的事會在我們的員工、員工的孩子與孫子間,獲得一百年的迴響……這代表要以慎重尊敬的態度照顧我們的員工與他們的孩子。」[3]

我說過,當你做正確的事情,好事就會發生。我想不出比這更好的例子。鄧恩的公司成為華爾街最卓越的公司之一(它在 2020 年與派傑銀行〔Piper Jaffray〕合併,成為派傑投資〔Piper Sandler Companies〕),我認為這是因為他向在那裡工作的員工展示了自己的重視。鄧恩一生把以人為本奉為圭臬。他做事懷抱著驚人的同理心。凡是能為朋友做的,他都會去做。正是因為這個對待世界的方式,他每天都能學到重要的啟示,幫助他成長並拓展事業與人生。

如果我們不用語言與行動來向員工表示他們是我們的首要之務,他們怎麼會知道?他們會怎麼看待我們?如果我們失去與他們的聯繫,會錯失什麼學習?

透過重視每個人來學習

- 有什麼事物完全是因為你和某人的聯繫而學到，你可能從任何其他方式都學不到？
- 你如何投資你的團隊或人際關係？這些行動如何改變他們與你的互動方式？
- 在你生活中，哪些人是你幾乎每天都能向他們學習的？你如何對他們展示你的重視？

第 27 章

刻意表揚的魔力

我的第一份企業領導者工作,是擔任必勝客的行銷主管,當時我主持每月的部門會議,在會上我們交換知識、提供最新資訊、集思廣益解決問題。奇怪的是,當時必勝客的其他部門都沒有這樣做,但對我而言,這些會議是我們最棒的行銷與宣傳點子來源。

正是為了這些會議,我設立了頭一個表揚獎,稱之為「旅行平底鍋」(Traveling Pan),一個銀色的大披薩平底鍋,每個月頒發來獎勵表現優秀的員工。受表揚者的名字會被刻在平底鍋上,加在過去獲獎者的名字後。「平底鍋頒獎」成為我們會議的結束儀式,大家都很喜歡。即使我們把會議大部分時間花在一些特別困難的問題上,每個人都知道,至少有一部分會議是有趣且令人振奮的。

旅行平底鍋的成功促使我把這種表揚變成一種習慣。我一直認為這是一件值得做的好事,我喜歡看它如何鼓舞那些被表

揚的人與他們的同儕。但直到我成為百事公司東部營運長，我才真正理解表揚的力量。

你獎勵什麼，就會得到什麼

在聖路易斯（St. Louis）工廠的一次圓桌會議上，我問了一個關於什麼在銷售上奏效、什麼無效的問題。有人說，「問鮑勃（Bob）吧，他很懂得如何推銷百事可樂。」還有人說，「是的，鮑勃一個下午教我的東西比我第一年學的還多。」會議上此起彼落的聲音是：「鮑勃教我這個」「鮑勃教我那個」「鮑勃對那瞭若指掌」。我看了看鮑勃，他就和其他人一樣是名巡迴銷售員，我看到他淚流不止。

「鮑勃，人們對你讚譽有加。為什麼你這麼不開心？」

「你知道，」鮑勃說，「我已經在這家公司工作四十七年，再過幾週就要退休了。我從來不知道有人對我有這樣的看法。」

長達四十七年感覺完全不被賞識。

這給了我重重的一擊。在其他領導職位上，我也看到表揚的積極影響，但在聖路易斯的那個早上，我充分體認到，表揚你周圍人的努力是至關重要的。我在那一刻決定，我要盡我所能確保我們的團隊不再有鮑勃這樣的遺憾。我決定把表揚做為我領導的關鍵行動之一。為此，我寫了一本書，名為《賞識的力量》（O Great One!，暫譯）。我也建立一個線上課程來教導

人們如何做好這一點。

我們對表揚的需求是如此重視與普遍，以至於在哈佛大學的畢業典禮上，一生接受超過3萬5000次採訪的歐普拉（Oprah Winfrey）在演講中強調了這一點：

> 只要鏡頭一關閉，每個人都會轉向我，不可避免地以自己的方式問這個問題：「我表現的還可以嗎？」我從布希總統那邊聽到這句話。我從歐巴馬總統那邊聽到這句話。我從英雄與家庭主婦那邊聽到這句話。我從受害者與罪犯那邊聽到這句話。我甚至從碧昂絲（Beyoncé）那裡聽到她風格獨具的這句話……我們都想知道一件事：「這樣還行嗎？」「你聽到我了嗎？」「你看見我了嗎？」「我說的話對你有意義嗎？」[1]

一個簡單的事實是，認可對我們所有人都很重要。在我公司2016年委託進行的一項調查中，82%的參與者表示，他們覺得上司對他們不夠認可，43%的人希望從同事身上得到更多認可，60%的人表示，當薪資足以支付開銷時，他們受到表揚的激勵大於金錢的激勵。[2]

無論你面對的是一位高階主管還是在餐館洗盤子的人，你都永遠不能低估讚美他們「把正確的事做好」的力量。這些正確的事會做得更好。做為一位試著促進某些行為，並學習如何在此過程不斷改進成長的領導者，刻意地表揚不是「有很好，

沒有也無妨」，而是不可或缺的。我很早就知道，**刻意與有目的的表揚能幫助你激勵創造學習環境的行為。**

　　表揚文化變成百勝餐飲最出名的文化。其他公司拜訪我們，學習我們如何做到這一點，以及我們如何將表揚與驅動績效的行為連結起來，使其具有目的性。如果你想擁有幫助自己成長與成功的認可，必須先列出哪些行為是關鍵，那就是我們開始的地方。我們稱之為「我們如何一同合作」原則，我在第六章分享過。它們並非價值觀，而是行為，而且是刻意的行為。我們利用參訪其他公司所學得到最佳實務，但是根據我們表現最好餐廳的行為制定這些原則。我們是從研究前 10% 的餐廳來找出這些行為。當然，表揚是其中一項行為，因為經理人了解表揚能促進更多積極正面的行為。

　　隨著公司發展，我們聚焦在表揚能讓我們更上一層樓的行為。我們希望員工成為專業知識的建立者，在全公司傳播他們的知識與好點子。在餐廳業，尤其是速食店，員工流動率很高，最優秀的人才往往會無端地流失。所以我們表揚那些培養人才的領導者與經理人。我們也知道，公司在營運與產品概念上需要更多的偉大創意與突破，所以我們獎勵這項行為，來提升創新思維。

　　結合「我們如何一同合作」原則，我們決定獎勵與表揚的新原則是「我們如何一同獲勝」。當我們表彰這樣的行為，就會有更多人去從事，公司裡的每個人都能學到如何以最好的方式拓展業務與發展自身的職涯。我們鼓勵他們邊做邊學。

刻意表揚之所以有效，是由於它向人們展現你在關注他們、認可他們，並建立信任，因為這麼做彰顯了你重視他們的意見與想法。然後他們就會更投入。

當人們更投入時，他們會把更多腦力用在眼前的事物上。不相信？有機會的話，你可以明天表揚同事、團隊成員、你的配偶或孩子，因為他們做了一些你一直想做得更好的事。然後問一句，「你怎麼做得這麼棒？」接著退一步，靜候他們分享智慧。我已經談過提出好問題的重要性，但**當你用表揚來引導人們的思維，他們的答案會更有啟發性，也更強大。**

表揚的祕訣

良好的表揚需要練習。根據我的經驗與研究，最佳的表揚仰賴一些基本原則：

- 表揚應該是應得的，最好是基於可衡量或明確定義的標準。你應該指明你要表揚的行為。
- 表揚應該是真實且發自內心的。
- 如果可能，表揚應該具備授予者與接受者的個人化元素。
- 如果可能，表揚應該是自發且自然的。當人們沒有預期、出乎意料的得到表揚時，影響力更大。
- 表揚必須有趣。
- 表揚應該成為你每天工作或互動的一部分。

我在數十年的漫長旅程中學會這些原則。我認為**我的表揚特別有效，因為它們是個人化、自發且有趣的。**

我在肯德基工作不久，就知道我們的資訊技術主管會頒發老式喜劇小品常見的軟膠雞（floppy rubber chicken）來表揚部門員工。我太喜歡軟膠雞這個點子，於是我以總裁一貫的做事方式，從他那邊偷了這個主意（當然，我得到他的同意與許可）。

我用公事包隨身攜帶軟膠雞（很少企業領導者會承認自己這麼做）。當我在餐廳或辦公室看到或聽到優秀的行為表現時，我會向那人自我介紹，並稱讚他們的努力。「總經理告訴我，你在服務顧客方面表現出色」或者「你是我見過最棒的原味雞廚師」。然後我說，「我要送你一隻我的軟膠雞。」我會把它從我的公事包拿出來，這經常引來驚訝的目光，然後在上面寫下個人化的留言、簽名，並編號（我一年大約送出一百個）。我會讓人給我們倆拍張照片，然後說，「我會寄給你一張，但下次你來路易斯維爾時，我希望你能順道過來，我們能帶你去看你的照片掛在我辦公室的什麼地方。因為你所做的事很重要。」最後，因為他們沒法吃軟膠雞，我會給獲獎者一張全新的 100 美元鈔票。

我說到做到，我的牆上貼滿了數百張人們獲頒軟膠雞的照片。最後，牆上的空間用完了，所以我們開始把照片掛在天花板上，這讓公司的防損團隊頗為懊惱。

我做的愈多，消息就傳愈開。這舉動讓整個公司振奮起來。當我把軟膠雞頒給員工時，他們哭了，圍觀的人也哭了。

在我們餐廳工作的一些團隊成員，在生活中很少得到正面的回饋，更不用說從工作中得到。我表揚的人愈多，這種做法就愈在領導層中傳播開來。為公司帶來不可思議的成果。

我在肯德基的成功讓我成為百勝餐飲的執行長，但我經常想，如果我沒有在肯德基取得這樣的成績，會發生什麼事？我可以想像人們說，「嘿，你還記得那個叫諾瓦克的傢伙嗎？在羅馬被焚毀時還在發軟膠雞。」但這些軟膠雞是我們取得傲人業績的原因。我常說，肯德基轉虧為盈代表著人類精神的勝利，而表揚是實現這目標的重要因素。

軟膠雞不是我第一個也不是最後一個滑稽獎項，因為我是那種喜歡滑稽獎項的人。但我了解並不是每個人都如此，這就是為什麼把獎項個人化很重要。

家得寶前執行長布萊克在聽了我關於表揚力量的故事後，提出手寫短箋的想法，因為他覺得這樣做很真實。當他上我的 Podcast 節目時，講了一個有趣但發人深省的故事。家得寶在週間會讓所有門市提供優良顧客服務的案例。每個週日，布萊克會手寫大量短箋給這些人，感謝他們所做的一切，告訴他們，他們很棒。

一開始，布萊克不確定這麼做是否有效。但三個月後，他去一家門市時，一位店員走近他，「我收到你的短箋，」那人說，「你可以再寄給我一份嗎？」布萊克說，「沒問題，但為什麼呢？」那人說，「嗯，我們都讀了，然後我們想它一定是印刷的。不可能是你手寫的。所以我們在水裡測試了一下，結

果墨水就暈開了。它被我們毀了。」這就是個人化的力量。

即時讚美，當下回饋

　　趣味與自發性也很重要，因為它們能增加當下的快樂，創造更難忘的經歷。若缺少它，這些「每月最佳員工」計畫或一次性活動會變得乏味，無法反映個人、文化，或個人增加價值、展現最佳自我的具體方式。在你看到優秀行為的當下，就應該加以表揚，因為那可能是最有意義的一刻。如果等待，你就冒著那人感覺數週或幾個月不受重視的風險。你認為在他們等待的期間，會有強大動力分享自己的智慧、知識或好點子嗎？

　　例如，伍登想在加州大學洛杉磯分校棕熊隊（Bruins）強調「我們」的力量，所以他建立了這樣的期望：每當有人得分時，得分者必須感謝幫助他的球員。可以用指向其他球員這般簡單的表示，但他們必須公開感謝這項幫助。當伍登告訴球隊這個期望時，一位球員說，「教練，如果他們沒有注意到呢？」伍登回答，「喔，他們會注意的。」他知道那瞬間被認可的時刻，對球隊的每位球員代表什麼意義，對球隊齊心協力在比賽創造成果的意義。**如果你不想坐等成果改善，就應該立刻表揚促進成果的行為。**

用心真正感謝做出貢獻的人

百勝餐飲是一家充滿有趣、個人化獎項的公司,總是自發地為嚴肅工作頒獎,像是星星、笑臉、迴力鏢、磁鐵、水晶獎杯與滑稽的行走牙齒玩具。我們充滿笑容、掌聲、歡呼、擊掌、握手、感謝信、錦旗、讚揚等。一些領導者專門為自己的部門頒發獎項,像是模仿《時代》雜誌的封面,上面印著協助公司打好公共關係者的頭像。我們之所以這麼做,因為這是傳達我們是家與眾不同公司、一家真正感謝員工貢獻公司最重要的方式。這也是其他領導者來我們公司學習的地方。

2013年,柯文在《財星》雜誌上發表一篇名為〈做得好!百勝餐飲如何用表揚來建立團隊並取得成果〉的文章,一張軟膠雞的圖片占據了顯眼的位置。[3] 這篇文章促使更多公司來向我們學習,幫助我們將表揚的力量傳播到公司的牆外。

儘管如此,我還是需要偶爾有人提醒我,把表揚放在應該的優先位置。隨著當今商業節奏加快,很難停下腳步專注慶祝。有一次在百勝餐飲,我和財務長卡魯奇(Rick Carucci,他後來成為公司總裁)一起為隔天的投資人會議做準備。突然,我聽到我們的巡迴表揚樂隊從走廊走過來,慶賀一位員工的貢獻,這群人志願演奏樂器、真正為同事的成功敲鑼打鼓。卡魯奇站了起來,但我沒有。「我們得把這個簡報做完,」我說。

「諾瓦克,這是你的重要價值。如果你把自己關在辦公室,不走出去,這會傳遞出怎樣的訊息?」

我站了起來,我們一起走出去,我立刻想起在那裡,有掌聲、歡呼聲、笑得滿臉通紅的慶祝者,無論如何,是我應該優先去的地方。與這個人可能想出並與我們分享的偉大點子相較,我們下午的 15 分鐘算得了什麼?

　　當我在 2022 年、也就是卸任執行長六年後,參加百勝餐飲的 25 週年慶祝活動,很多人都出席緬懷我們一起工作的美好時光。每個人都在談論表揚的力量。他們藉由這麼做認可了我,這不僅讓我感覺很棒,也讓我確信,表揚仍然是公司文化的核心行為。

　　我知道表揚對百勝餐飲的員工仍有廣泛的影響。我知道它對那些被表揚的人產生多大的意義,而且影響有多深遠。我知道表揚會促進怎樣的行為。我一次又一次想起這點,但最強烈的是當我參加格蘭特(Chuck Grant)的告別式,他是肯德基一位才華洋溢的工程師。令人驚訝的是,我看到軟膠雞躺在他的棺材裡。幾年前,我把這個獎頒給他,以表彰他領導的一項設備創新。當我去向他的妻子表示哀悼時,她告訴我,格蘭特去世前說,他想在棺材裡放一樣東西,就是他最珍惜的軟膠雞。

　　如果這都不能讓人領略到表揚的力量,那就沒有什麼可以的了。

> **透過刻意表揚來學習**
> - 上一次你的貢獻得到表揚是什麼時候、你感覺如何？表揚是如何讓你想在未來繼續貢獻？
> - 你是否曾經身處重視表揚文化的工作環境、團體或社群？它們在創意思考與公開分享想法上的環境如何？
> - 你上次表揚某人的貢獻是什麼時候？你有沒有花點時間詢問是什麼促成他們的思考、想法或行動？

後 記
正在完成的傑作

我喜歡鄉村音樂。我喜歡它說故事的方式。我從許多偉大藝人的歌曲中獲得靈感，以至於偶爾一個開頭或副歌的旋律會突然出現在我腦海，我就會把它寫下來。去年溫蒂與我慶祝了我們的七十歲生日與結婚四十八週年紀念日。那是重要的一年，我想為溫蒂做些真正特別的事。我決定終於要做這件我自 1983 年就一直想做的事──為她寫首歌。

我一生中大部分時間都被訓練成為一位寫手，但我從來沒有寫過一首歌。如果我想要把這件事做好，就需要學習如何去做。我計畫去趟納什維爾，因為除了納什維爾，你還能去哪裡學習鄉村音樂呢？並且預定了兩位詞曲創作大師亞歷山大（Jessi Alexander）與蘭德爾（Jon Randall）的課程。

我非常樂在其中。我學到許多關於音樂產業的知識，關於詞曲創作人如何合作，以及如何譜寫一首歌。他們幫我把我在 1983 年寫的部分歌詞變成一首動聽的歌，我還記得當時我看

完一場悲傷的電影，想著我沒有因為自己不擁有的事物感到悲傷，因為我有溫蒂，這首歌記錄了我對溫蒂，以及我們一起生活的感受。在課程最後，他們幫我把這首歌錄了下來。

我原本計畫讓兩位創作人在我們即將到來的派對上演唱這首歌，給溫蒂一個驚喜。但當我從機場回到家時，我迫不及待想告訴她。我想，如果我們中的一個出了什麼事，她再也聽不到這首歌怎麼辦？第二天早上，我把溫蒂喚醒，對她說，「我得說實話，我去納什維爾不是去出差。」她顯得很吃驚。天啊，他做了什麼？我想我應該趕緊解除她的焦慮。「我去為你寫了首歌。」然後我放給她聽。在最後的副歌「如果我悲傷，我會無法置信／如果我失去擁有的一切……如果今天全部消失／我還是能安然無恙，因為我能說／我有溫蒂／」我們都淚流滿面。

「這是我人生中最美好的一天，」她說。

這就是學習的力量：它提高你對生活中的人與周圍世界的影響。

幾個月後的平安夜，我打開溫蒂送我的大禮物。那是一把吉他。「天啊，溫蒂，」我說，「我不會彈吉他。學吉他太難了，我都七十歲了。」

然後她說，「嗯，這不是我認識的諾瓦克。」她再一次成為對我說真話的人。溫蒂總是讓我接受新的學習機會。所以，我接受了挑戰，開始學習彈吉他。我不認為自己能成為吉他高手，但這不是重點。重點是去學習，有紀律地學習，看看最後

能有什麼成果。

　　巴菲特曾告訴我，他在收購公司時考慮什麼。他說，「我想收購由畫家經營的公司。」當我請他解釋，他說，「大部分偉大藝術家都很難放棄自己的畫作。他們會愛上這幅畫，不斷在這裡加一點顏色，在那裡添一點紋理。我要找的老闆總是在調整公司，不斷努力讓它變得更好。無論公司已經多成功，他們看到的仍是一件正在完成的傑作。」他把波克夏海瑟威稱為這些傑作的博物館，但他希望經營的人不斷進步、持續改變與擴大這間公司。

　　這就是我看待人生的方式，也是我看待生意的方式。

　　不久前，幾個朋友來拜訪我。他們過去從未來過我們家，我帶他們參觀一下。當走過我們的臥室，他們探頭進去看，因為從我們的窗戶可以看到絕佳的風景，其中一人突然笑了起來。「你床上有個枕頭，寫著『大膽做夢！』（Dream Big!）」是的，我就是如此。他們笑得停不下來。

　　我了解他們在笑什麼。我非常幸運。大部分人看我目前的人生——我取得的成就、我的生活方式、我與家人的關係、我的財務資源，以及我在基金會與領導力組織工作獲得的滿足感，都會想知道我還能要什麼。我還能追求什麼更大膽的夢想呢？

　　但我不這麼看，任何主動學習者也不這樣看待人生。我為自己過去取得的成就感到自豪，我喜歡自己現在做的事，但還有很多事情能做，還有許多事物能學。我現在持續寫歌：已經

寫了六首歌，我正在往一張完整的專輯邁進。我最近成為路易斯維爾瓦爾哈拉高爾夫俱樂部（Valhalla Golf Club）的部分擁有者，2024 美國職業高爾夫球協會錦標賽將在這裡舉行，我負責行銷、品牌，與重新設計一個獨一無二的肯塔基高爾夫體驗。這需要各式各樣的學習。當然，我們也在不斷學習如何透過 Podcast、新聞稿、課程等方式拓展我們的領導力教育。

主動學習永遠、永遠不會停止。

我的生活一直很充實，我總是夢想著未來，因為還有很多東西可以學。如果我追求這夢想，就能持續讓我、我最親近的人、我有幸幫助、教導與影響者的人生變得更好。

主動學習者是畫家，是藝術家。他們把人生看做是一件正在完成的傑作，知道自己學得愈多，這幅傑作就會愈完整。正如哈伯德（Frank Hubbard）所言，以及偉大的伍登常引述的那樣，「在我們自認懂得一切後再學到的，才是最有價值的事物。」[1]

致謝

首先,我要感謝上帝。我一生中,從不知道竟然被賜與這麼豐富的人生。我為此感到謙卑,同時感謝我充滿愛的家庭、我做夢也想不到的職場經歷,以及與世界上許多最成功、最慷慨的人接觸。

這本書的起源,是女兒芭特勒鼓勵我藉由分享自己多年來匯集的知識來回饋社會。我衷心感謝所有花時間在我身上投資與分享知識的人。你們的智慧在書中熠熠生輝,我感謝你們每一位。

與畢夏普一起工作的絕對樂趣,再強調也不為過。她幫助我撰寫這本書。她非常聰明、創意十足,是位絕佳的合作者,她不辭辛勞地工作,只為推出我們最好的作品。如果你喜歡這本書的架構與格式,必須歸功於她。同時我也要感謝舒勒,他和我在諾瓦克之「領導者如何領導」Podcast 上合作,協助我找到關於如何學習最有影響力的故事。我還要感謝我的著作經紀人萊文(Jim Levine)與編輯貝里納托(Scott Berinato)。他們追求卓越,並在過程中增加大量的價值。感謝哈佛商業評論出版社的整個團隊,感謝你們一路以來的支持與承諾。

最後但也是最重要的是,我要感謝我已故的母親珍(Jean

Novak），她是我最偉大的老師，還有我的妻子溫蒂，她一直是對我說真話的人，鼓勵著我，告訴我只要永不放棄，一切都有可能。

謝謝你購買這本書，所有利潤將捐給溫蒂諾瓦克糖尿病研究所，以支持我們持續努力，幫助那些遭受這毀滅性疾病折磨的人過上長壽、行動自如的生活。

附錄

第1章　從成長經歷累積實力
　　　　從成長經歷中學習

- 心理學家、《深度洞察力》（Insight）作者歐里希 Tasha Eurich
- 百事公司（PepsiCo）前執行長盧英德 Indra Nooyi
- 摩根士丹利（Morgan Stanley）執行長戈爾曼 James Gorman
- 美國前國務卿萊斯 Condoleezza Rice

第2章　擺脫束縛你的東西
　　　　從新環境中學習

- 創業家、StubHub 前總裁卡西迪 Sukhinder Singh Cassidy
- 《財星》（Fortune）雜誌傳奇財經記者盧米斯 Carol Loomis
- 金融業傳奇、海軍陸戰隊退伍軍人葛利澤 Eric Gleacher
- 暢銷書作家、實境秀《百萬美元豪宅》（Million Dollar Listing）明星瑟漢特 Ryan Serhant

第3章　填補自我不足
向比你內行的人學習

- 德勤（Deloitte）前副執行長蒙蒂爾 Maritza Montiel
- 圓桌集團（The Table Group）總裁、《團隊領導的五大障礙》（The Five Dysfunctions of a Team）作者藍奇歐尼 Patrick Lencioni
- 高盛（Goldman Sachs）前董事長溫伯格 John L. Weinberg

第4章　聽得進真話
向說真話的人學習

- 百事公司前董事長暨執行長皮爾森 Andy Pearson
- 麥當勞執行長肯普辛斯基（Chris Kempczinski）
- 完美酷哥（Dude Perfect）創始團員托尼 Tyler Toney 與科頓 Coby Cotton
- 創業家、Inspired Capital 與 LearnVest 創辦人托貝爾 Alexa Von Tobel

第5章　從危機中學習
從每次危機中學習

- 百事公司前總裁威勒普 Craig Weatherup
- 正向心理學之父、《學習樂觀・樂觀學習》（Learned Optimism）作者塞利格曼 Martin Seligman
- 《擁抱 B 選項》（Option B）作者桑德伯格（Sheryl Samd-

- berg）與格蘭特 Adam Grant
- 美國聯合航空（United Airlines）執行長穆尼奧斯 Oscar Munoz
- 潘娜拉麵包店（Panera Bread）執行長喬杜里 Niren Chaudhary

第6章　關注亮點
從勝利中學習

- 家得寶（Home Depot）共同創辦人蘭格恩 Ken Langone
- 前美國國家美式足球聯盟（NFL）四分衛布雷迪 Tom Brady
- 梅約診所（Mayo Clinic）執行長諾瑟沃斯 John Noseworthy

第7章　失敗也能有收穫
從失敗中學習

- 心理學家、《心態致勝》（Mindset）作者杜維克
- Adobe 系統執行長納拉延 Shantanu Narayen
- 時裝設計師、Kendra Scott 總裁斯考特 Kendra Scott
- 《搶先成功要訣》（Be Bad First）作者安德森 Erika Andersen
- 奧運花式滑冰金牌得主漢彌爾頓 Scott Hamilton

第8章　每個賞鳥者都知道的事
學習聆聽

- 《思考的時刻》（Time to Think）作者克萊恩 Nancy Kline

- 美國運通（American Express）前執行長切諾特 Ken Chenault
- 普華永道（PwC）董事長瑞安 Tim Ryan

第9章　提出更好的問題
學習提出更好的問題

- 記者、《大哉問時代》（A More Beautiful Question）作者伯格 Warren Berger
- 《建議陷阱》（The Advice Trap）與《你是來帶人，不是幫部屬做事》（The Coaching Habit）作者史戴尼爾 Michael Bungay Stanier
- 前家得寶、AK 鋼鐵、蘭德公司（RAND Corporation）董事會成員希爾 Bonnie Hill

第10章　做出判斷與查核
學習檢視你的判斷

- 心理學家、《超越界線》（Above the Line）作者史蒂芬・克萊米奇 Sephen Klemich 與瑪拉・克萊米奇 Mara Klemich
- 李爾公司（Lear Corporation）總裁暨執行長史考特 Ray Scott
- 家得寶共同創辦人馬庫斯 Bernie Marcus
- IBM 前執行長、《善的力量》（Good Power）作者羅睿蘭 Ginni Rometty

第11章　看見世界的真面目
　　　　學習如實地看待這個世界

- 《改變,好容易》(Switch)與《零偏見決斷法》(Decisive)作者奇普・希思 Chip Heath 與丹・希思 Dan Heath
- 四星上將、前美國陸軍參謀長奧迪耶諾 Ray Odierno
- 摩根大通(JPMorgan Chase)執行長戴蒙 Jamie Dimon

第12章　讓1加1等於3
　　　　學習培養模式思考

- 揚雅廣告(Young & Rubicam)名譽主席喬治斯庫 Peter Georgescu
- 自閉症社會活動家、《我的大腦和你不一樣》(The Autistic Brain)作者葛蘭汀 Temple Grandin
- 美國國家美式足球聯盟總裁古德爾 Roger Goodell
- 著名棒球投手教練豪斯 Tom House

第13章　在忙碌中留白
　　　　學習反思

- 萬靈一神論教會(All Souls Unitarian Church)領袖、《感恩之道》(The Way of Gratitude)作者根格里希 Galen Guengerich
- 《留白工作法》(A Minute to Think)作者方特 Juliet Funt

- 工程學教授、《學習如何學習》（Learning How to Learn）作者歐克莉 Barbara Oakley

第14章　不自我膨脹，也不自我貶抑
學習謙虛與自信

- 目標百貨（Target）執行長康奈爾 Brian Cornell
- 迪克體育用品（Dick's Sporting Goods）執行長霍巴特 Lauren Hobart
- 費城兒童醫院（Children's Hospital of Philadelphia）執行長貝爾 Madeline Bell
- 成功業餘高爾夫球手史密斯 Nathan Smith

第15章　掃除敝帚自珍的成見
學習讚揚他人的想法

- 企業文化大師孫恩 Larry Senn
- 百事公司前董事長卡洛威 Wayne Calloway
- 金州勇士隊（Golden State Warriors）教練科爾 Steve Kerr

第16章　把人聚在一起
學習相信善意

- 麻省理工學院教授、《企業的人性面》（The Human Side of Enterprise）作者麥葛瑞格 Douglas Mcgregor
- 《高效信任力》（The Speed of Trust）作者柯維 Stephen M. R.

Covey
- 兩屆美國國家冰球聯盟史坦利盃（NHL Stanley Cup）冠軍理查茲 Brad Richards
- 波音公司（Boeing）執行長卡爾霍恩 Dave Calhoun
- 獲獎創作型鄉村歌手丘奇 Eric Church

第17章 選擇做快樂的事
透過追求快樂來學習

- 洛杉磯聯合學區（Los Angeles Unified School District）督導卡瓦略 Alberto Carvalho
- 傳奇併購律師赫利希 ED Herlihy
- 運動表現教練、《為你負責》（Take Charge of You）共同作者戈德史密斯 Jason Goldsmith
- 薩凡納香蕉棒球隊（Savannah Bananas）老闆柯爾 Jesse Cole
- 艾美獎獲獎體育評論員南茲 Jim Nantz

第18章 不要試圖成為他人
透過做最好的自己來學習

- 勞氏（Lowe's）董事長暨執行長埃里森 Marvin Ellison
- 全球遊戲規則改變者（Global Game Changers）共同創辦人賀爾森 Jan Helson
- 汽車地帶（Auto Zone）執行長羅德茲 Bill Rhodes
- 高階主管溝通教練、演員謝爾曼 Pam Sherman

- WHOOP 創辦人艾哈邁德 Will Ahmed

第19章　尋求新挑戰
透過尋求新挑戰來學習

- 改善生活諾瓦克家庭基金會（Lift a Life Novak Family Foundation）負責人芭特勒 Ashley Butler
- 高績效教練、《快速前進》（Fast Forward）作者萊斯戈爾德 Wendy Leshgold 與麥卡錫 Lisa Mccarthy
- 前體育經紀人、演說家、創業家弗萊契 Molly Fletcher

第20章　讓大腦做好準備
透過做好準備來學習

- HubSpot 公司執行長蘭根（Yamini Rangan）
- 高階主管績效教練、《改變你的思維》（Shift Your Mind）利文森 Brian Levenson
- 康卡斯特（Comcast）執行長羅伯茲 Brian Roberts
- 心理學家、《刻意練習》（Peak）作者艾瑞克森 Anders Ericsson
- 傳奇高爾夫球手尼克勞斯 Jack Nicklaus

第21章　選擇做困難的事
透過做困難的事來學習

- DoorDash 創辦人暨執行長徐迅 Tony Xu

- 心理學家、《順著大腦來生活》（Your Brain at Work）作者洛克 David Rock
- 高爾夫傳奇帕爾默 Arnold Palmer
- 2023 年美國職業高爾夫大師賽（PGA Masters）冠軍拉姆 Jon Rahm
- 富國銀行（Wells Fargo）執行長沙夫 Charlie Scharf

第22章　用登上頭版新聞做測試
透過做正確的事來學習

- Bloomin' Brands 執行長迪諾 David Deno
- 美國前國防部長艾斯培 Mark Esper
- 百勝餐飲（Yum! Brands）執行長吉布斯 David Gibbs

第23章　把麻煩問題變成機會
透過解決問題來學習

- Waze 創辦人、《做難而正確的事》（Fall in Love with the Problem, Not the Solution Waze）作者萊文 Uri Levine
- KIND 零食創辦人盧貝斯基 Daniel Lubetzky
- Twilio 共同創辦人暨執行長勞森 Jeff Lawson

第24章　從簡單的做起
透過簡化來學習

- MIT 簡單聯盟（MIT SIMPLICITY Consortium）創辦人、《簡

單的法則》（The Laws of Simplicity）作者前田約翰 John Maeda
- 波克夏海瑟威（Berkshire Hathaway）執行長巴菲特 Warren Buffett
- Zoom 創辦人袁征 Eric Yuan
- 《少，但是更好》（Essentialism）作者麥基昂 Greg Mckeown

第25章　不要藏私
透過教學來學習

- 心理學家、《零阻力改變》（How to Change）作者米爾克曼 Katy Milkman
- Gousto 創辦人博爾特 Timo Boldt
- 摩根大通前執行長哈里森 Bill Harrison
- 知名化妝師與創業家波朗 Bobbi Brown

第26章　真正的關心需要付諸行動
透過重視每個人來學習

- 《財星》資深特約編輯、《不會被機器替代的人》（Humans Are Underrated）作者柯文 Geoff Colvin
- UPS 執行長托梅 Carol Tomé
- 《Ebony》《Jet》老闆、可口可樂瓶裝商、前 NBA 球星布里奇曼 Junior Bridgeman
- Workday 共同創辦人暨執行長布斯里 Aneel Bhusri

- 派杰投資（Piper Sandler）副董事長鄧恩 Jimmy Dunne

第27章　刻意表揚的魔力
　　　　透過刻意表揚來學習

- 歐普拉電視網（OWN）執行長、製作人、出版商、女演員、創新者溫芙蕾 Oprah Winfrey
- 家得寶前執行長布萊克 Frank Blake
- 傳奇教練伍登 John Wooden

注釋

前言

1. Eric Hoffer, *Reflections on the Human Condition* (New York: Harper & Row, 1973).

第1章

1. Dan McAdams等人, "Continuity and Change in the Life Story," *Journal of Personality* 74, no. 5 (October 2006), https://www.sesp.northwestern.edu/docs/publications/690081293490a093361fe6.pdf.
2. Tasha Eurich, *Insight* (New York: Crown Business, 2017), 146.

第2章

1. Josh Waitzkin, *The Art of Learning* (New York: Free Press, 2007), 33.
2. Sukhinder Singh Cassidy, *Choose Possibility* (New York: Houghton Mifflin Harcourt, 2021), 51.
3. James Clear, "Motivation Is Overvalued. Environment Often Matters More," https://jamesclear.com/power-of-environment.

第4章

1. N. Eisenberger, "The Pain of Social Disconnection: Examining the Shared Neural Underpinnings of Physical and Social Pain," *Nature Reviews Neuroscience* 1 (2012): 421–434.
2. G. M. Slavich等人, "Neural Sensitivity to Social Rejection Is Associated with Inflammatory Responses to Social Stress," *Proceedings of the National Academies of Science USA* 107, no. 33 (2010): 14817–14822.

3. Adam Grant, "What It Takes to Have Freedom and Psychological Safety at Work," *Granted*, October 2021, https://adamgrant.substack.com/p/616392_granted-october-2021.

第5章

1. Sheryl Sandberg and Adam Grant, *Option B* (New York: Knopf, 2017), 16.
2. Patrick Anderson, "The Only Power Kissinger Has Is the Confidence of the President," *New York Times*, June 1, 1969.

第7章

1. Carol Dweck, *Mindset* (New York: Random House, 2006), 3–4.
2. Erika Andersen, *Be Bad First* (New York: Bibliomotion, 2016), 3.

第8章

1. Nancy Kline, *Time to Think* (London, UK: Cassell Orion, 1999), 15.
2. Adam Grant, *Think Again* (New York: Viking, 2021), 159–160.

第9章

1. Nancy Kline, *Time to Think* (London, UK: Cassell Orion, 1999), 12.
2. Ting Zhang, Francesca Gino, and Joshua Margolis, "Does Could Lead to Good? On the Road to Moral Insight," *Academy of Management Journal* 61, no. 3 (2014), https://www.researchgate.net/publication/323750714_Does_Could_Lead_to_Good_On_the_Road_to_Moral_Insight.

第10章

1. Stephen Klemich and Mara Klemich, *Above the Line* (New York: Harper Business, 2020), 55.
2. C. S. Lewis, *Surprised by Joy* (New York: HarperOne, [1955] 2017), 254.

第11章

1. Ray Ginger, "Clarence Seward Darrow: 1857–1938," *Antioch Review* 13, no. 1 (1953): 60.
2. Clarence Darrow, *Sign Magazine*, May 1938.
3. Chip Heath and Dan Heath, *Decisive* (New York: Currency, 2013), 8. 他們引用了Dan Lovallo與Olivier Sibony的"The Case for Behavioral Strategy," McKinsey Quarterly 2 (2010).

第12章

1. Peter Georgescu, *The Source of Success* (San Francisco, CA: Jossey-Bass, 2005), 25–26.
2. Temple Grandin and Richard Panek, *The Autistic Brain* (New York: Mariner Books, 2013), 143–144.

第13章

1. Galen Guengerich, *The Way of Gratitude* (New York: Random House, 2020), xi, 13.
2. Barbara Oakley, "Learning How to Learn," TEDx Oakland University, August 5, 2014, TEDx Talks, youtube.com/watch?v=O96fE1E-rf8.

第14章

1. Stephen Klemich and Mara Klemich, *Above the Line* (New York: Harper Business, 2020), 89.
2. Martin Fladerer等人, "The Value of Speaking for 'Us': The Relationship between CEOs' Use of I-and We-Referencing Language and Subsequent Organizational Performance," *Journal of Business and Psychology* 36 (2021).

第16章

1. Wikiquote, "Trust," wikiquote.org/wiki/Trust.

第17章

1. Judy Willis, "The Neuroscience of Joyful Education," *Educational Leadership* 64 (Summer 2007), https://www.ascd.org/el/articles/the-neuroscience-of-joyful-education.

第18章

1. Oscar Wilde, letter to Lord Alfred Douglas, *De Profundis*, 1905.
2. PwC, "What 52,000 People Think about Work Today: PwC's Global Workforce Hopes and Fears Survey 2022," May 24, 2022, www.pwc.com/gx/en/issues/workforce/hopes-and-fears-2022.html.
3. Pam Sherman, "Bringing the Character of You to Life's Stage," LinkedIn新聞稿, October 6, 2023, www.linkedin.com/pulse/bringing-character-you-lifes-stage-pam-sherman/.

第19章

1. William Samuelson and Richard Zeckhauser, "Status Quo Bias in Decision Making," *Journal of Risk and Uncertainty* 1 (1988).
2. 哈佛大學的壓力與發展實驗室（Stress & Development）有免費的網路資源來幫助你掌握認知重新評估，請見https://sdlab.fas.harvard.edu/cognitive-reappraisal.
3. 改編自Wendy Leshgold與Lisa McCarthy的*Fast Forward* (New York: Matt Holt Books, 2023), 28.

第20章

1. Wendy Leshgold and Lisa McCarthy, *Fast Forward* (New York: Matt Holt Books, 2023), 208.
2. Brian Levenson, *Shift Your Mind* (New York: Disruption Books, 2020), 7.
3. Anders Ericsson and Robert Pool, *Peak* (New York: Houghton Mifflin, 2016), xxiii.

第21章

1. Ryan Holiday, *Ego Is the Enemy* (New York: Portfolio, 2016), 56.
2. Charles L. Novak, *Home Is Everywhere* (New York: Disruption Books, 2018), 29.
3. David Rock, "How to Convince Yourself to Do Hard Things," *hbr.org*, December 7, 2021, https://hbr.org/2021/12/how-to-convince-yourself-to-do-hard-things.

第23章

1. Daniel Lubetzky, *Do the KIND Thing* (New York: Ballantine Books, 2015), 33.

第24章

1. Arvind Sehgal等人, "Impact of Skin-to-Skin Parent-Infant Care on Preterm Circulatory Physiology," *Journal of Pediatrics* (2020); Alexandra R. Webb et al., "Mother's Voice and Heartbeat Sounds Elicit Auditory Plasticity in the Human Brain before Full Gestation," *Proceedings of the National Academy of Sciences* 112, no. 10 (February 2015).
2. John Maeda, *The Laws of Simplicity* (Cambridge, MA: MIT Press, 2006), 33–34.
3. Greg McKeown, *Essentialism* (New York: Crown Business, 2014), 60.

第25章

1. Katy Milkman, *How to Change* (New York: Penguin, 2021), 150.
2. 《塔木德》（Talmud）, Ta'anit 7a.

第26章

1. Peter Senge, *The Fifth Discipline* (New York: Crown Business, 2006), 132.

2. Geoff Colvin, *Humans Are Underrated* (New York: Portfolio, 2015), 63–66,根據Jing Jiang等人, "Neural Synchronization during Face-to-Face Communication," *Journal of Neuroscience* 32, no. 45 (November 7, 2012)的研究。
3. Brian Doyle, "Bank That Lost 66 Workers on 9/11 Has Paid for All Their Kids to Go to College," *Good News Network*, September 11, 2021,最初發表於2015年。

第27章

1. Oprah Winfrey於2013年5月30日在哈佛大學362屆畢業典禮上發表的演講。
2. David Novak, "Recognizing Employees Is the Simplest Way to Improve Morale," *hbr.org*, May 9, 2016, https://hbr.org/2016/05/recognizing-employees-is-the-simplest-way-to-improve-morale#.
3. Geoff Colvin, "Great Job! How Yum Brands Uses Recognition to Build Teams and Get Results," *Fortune*, July 25, 2013, fortune.com/2013/07/25/great-job-how-yum-brands-uses-recognition-to-build-teams-and-get-results/.

結語

1. Frank McKinney Hubbard (US humorist), Fairmount News [Indiana], February 17, 1913, per *The New Yale Book of Quotations*.

國家圖書館出版品預行編目（CIP）資料

執行長學習手記：觀察、提問、行動，吸收別人的經驗加速自己的成長，不斷擴展能力圈 / 大衛・諾瓦克（David Novak）、拉里・畢夏普（Lari Bishop）著，王怡棻譯 . -- 第一版 . -- 臺北市：天下雜誌股份有限公司, 2025.05
320 面 ; 14.8×21 公分 . --（天下財經 ; 576）
譯自：How leaders learn : master the habits of the world's most successful people.
ISBN 978-626-7713-01-3（平裝）

1. CST: 自我實現　　2.CST: 成功法
177.2　　　　　　　　　　　　　　　114004324

天下財經 576

執行長學習手記
觀察、提問、行動，吸收別人的經驗加速自己的成長，不斷擴展能力圈
HOW LEADERS LEARN: Master the Habits of the World's Most Successful People

作　　者／大衛・諾瓦克（David Novak）
　　　　　拉里・畢夏普（Lari Bishop）
譯　　者／王怡棻
封面設計／FE 設計
內頁排版／林婕瀅
責任編輯／吳瑞淑

天下雜誌創辦人暨董事長／殷允芃
出版部總編輯／吳韻儀
出　版　者／天下雜誌股份有限公司
地　　址／台北市 104 南京東路二段 139 號 11 樓
讀者服務／（02）2662-0332　傳真／（02）2662-6048
天下雜誌 GROUP 網址／http://www.cw.com.tw
劃撥帳號／01895001 天下雜誌股份有限公司
法律顧問／台英國際商務法律事務所・羅明通律師
製版印刷／中原造像股份有限公司
總 經 銷／大和圖書有限公司　電話／（02）8990-2588
出版日期／2025 年 5 月 5 日第一版第一次印行
　　　　　2025 年 10 月 8 日第一版第二次印行
定　　價／480 元

Original work copyright © 2024 David C. Novak
Published by arrangement with Harvard Business Review Press
Unauthorized duplication or distribution of this work constitutes copyright infringement.
Complex Chinese Translation copyright © 2025 by CommonWealth Magazine Co., Ltd.
All rights reserved.

書號：BCCF0576P
ISBN：978-626-7713-01-3（平裝）

直營門市書香花園　地址／台北市建國北路二段 6 巷 11 號　電話／02-2506-1635
天下網路書店 shop.cwbook.com.tw　電話／02-2662-0332　傳真／02-2662-6048

本書如有缺頁、破損、裝訂錯誤，請寄回本公司調換